영생의 비밀을 찾았다

만생천부
萬生天父

만생천부(萬生天父)
초판 1쇄 인쇄 2024년 9월 4일
초판 1쇄 발행 2024년 9월 9일

지은이 자미성인
펴낸이 金泰奉
펴낸곳 한솜미디어
등 록 제5-213호

편 집 김태일
마케팅 김명준

주 소 (우 05044) 서울시 광진구 아차산로 413(구의동 243-22)
전 화 (02)454-0492(代)
팩 스 (02)454-0493
이메일 hansom@hansom.co.kr
홈페이지 www.hansom.co.kr

ISBN 978-89-5959-588 4 (03150)

*책값은 표지에 표시되어 있습니다.
*잘못 만들어진 책은 구입하신 서점에서 친절하게 바꿔드립니다.

*지은이 연락처 _ 천황님의 나라 02)3401-7400
 계좌번호 : 우체국 110-0025-88772 천황님의 나라
 ⓒ 저작권 : 천황님의 나라 무단 전재 및 재배포 금지.

불사약, 불로초 불로불사의 꿈
영생의 비밀을 찾았다

만생천부
萬生天父

인류의 오랜 욕망인 불로불사의 꿈을
이루어 줄 장생과 영생의 비밀을 찾았다.
인명은 재천이었다

자미성인 지음

한솜미디어

| 책을 집필하면서 |

  인류가 그토록 원하고 바라던 창조의 신이시자 태초의 조물주 하늘이 만생만물을 창조한 만생천부 대우주 천황님인데, 인류의 영원한 숙제로 남았었던 불로불사 불로장생과 영생에 대한 비밀이 밝혀졌다.

  인명은 재천이라 하였듯이 불로불사 불로장생과 영생의 고유 권한이 우리 인류의 영혼과 육신, 만생만물의 삼라만상을 창조하신 태초의 조물주 하늘이신 만생천부 대우주 천황님에게 있다는 것을 찾아내었다.

  30년 간의 임상실험 기간을 거치는 동안 불로불사 불로장생과 영생에 대한 결과가 나올 것으로 보이는데, 지금은 소설이나 공상처럼 느껴져서 무시하고 넘어가겠지만, 불로불사 불로장생이 객관적으로 입증이 되는 그날이 오면 모두가 스스로 인정할 것이기에 인류 대혁명, 종교 대혁명이 일어날 수밖에 없다.

인류 대황제 인존태황 태건당 방상용 총재 육신으로 만생천부 대우주 천황님이 강림 강세하시어 함께하신다는 자체를 인정 못해 무시하고 부정할 사람들이 많을 것이기에 30년이라는 길고도 긴 임상실험 기간이 필요할 것 같다.

　SF급 공상영화 시나리오에 나올 천상지상 프로젝트 책인데, 공감하거든 천황님의 나라에 들어와서 태초의 조물주 하늘이신 천황님이 내리시는 命(명)을 받들어 의식을 행하여 천지인 기운을 받으면 불로장생으로 영생하며 살아갈 천운아의 문이 열린다.

　태초의 조물주 하늘이신 천황님이 내리시는 명을 받아 하늘 사람들인 선인, 천인, 신인, 도인이 되면 무소불위한 천지인의 기운을 받고 영생하며 부자로 살아갈 자격이 생기는데, 수명연장, 장생이냐 영생이냐가 관건이다.

　영원한 영생은 대우주 천지인 창조주 태초의 조물주 하늘이 천황님으로 등극한 저자 한 명이지만, 대한민국을 경제대국, 수출대국, 관광대국, 영토대국, 인구대국, 군사대국의 6대국으로 만들어, 세계를 정복하고 지배 통치하기 위해서 수많은 사람들이 필요하기에 지구 창조 이후 최초로 수명연장 장생과 영생을 허락한다.

장생과 영생은 태초의 조물주 하늘이신 천황님의 고유 영역이자 고유권한이다. 수명을 몇 살까지 살 것인가? 인간의 욕심은 한도 끝도 없기에 70세, 80세, 90세, 100세, 120세, 150세, 180세, 200세, 250세, 300세, 500세, 700세, 1,000세, 1,500세, 2,000세, 3,000세, 5,000세, 7,000세, 9,000세, 1만 세, 10만 세, 1백만 세, 1천만 세, 1억 세, 1조 세, 1경 세, 1해 세 등등 끝도 없다.

장생과 영생의 천지인 기운을 받는 사람들은 앞으로 30년 내외부터 장생과 영생을 실감하게 된다. 천황님께 천지인 기운을 받아 함께하면 매년 나이를 먹는 것이 아니라 빼기 때문에 날이 갈수록 젊어진다. 육신의 노화 없이 혈기 왕성한 10대 후반, 20대, 30대 나이의 건강한 체력으로 몇백 년, 몇천 년, 몇만 년을 살아가게 된다.

그래서 현재 70세(1955 을미생)인데 30년 안에는 천황님으로 등극한 저자가 이 나라의 대통령이 되어 있을 것이고, 세계를 정복하고 지배 통치하며 세계 인류를 다스린다. 무력으로 세계 국가를 정복하는 것이 아니라 피 한 방울 흘리지 않고 스스로 천지인 기운에 이끌려 감복해서 인정하고 주군으로 모신다.

이제까지 인류는 진짜가 아닌 가짜 하나님, 하느님, 상제님, 알라신, 부처님, 미륵님, 천지신명님을 수천 년, 수만 년 동안을 믿어왔는데, 이들이 가짜라는 것을 검증할 수 있는 하늘이 내린 영도자가 없기 때문에 속고 살면서 가짜 하늘을 받들고 섬겨왔다.

이런 경천동지할 진실을 접하고 통탄할 사람도 있을 것이고, 말도 안 된다고 묵살할 사람들도 있을 것인데, 진위 여부는 저자가 100세가 되는 30년 이후면 판가름나기에 이 책을 간직하고 있다가 확인해 보면 된다. 30년 후에 죽지 않고 20~30대 모습을 하고 생생히 건강하게 살아 있는지 확인하면 영생이 현실로 이루어지는지 알 수 있다.

동참할 독자들은 지금부터 방문 상담하고, 반신반의하며 못 믿겠다는 독자들은 살아 있거든 30년 후에 확인하고 들어오면 된다. 지구에 인류가 태어나고 처음으로 시도하는 영생 프로젝트이고, 임상사례가 없기에 현재 100% 장생과 영생이 가능하다고 장담하지는 못한다.

그러나 태초의 조물주 하늘이신 천황님은 불가능이 없으시고 무소불위하신 천지만생만물을 창조한 절대자 신이시기에 인류 최초로 시도해 보는 것이다. 25년 전에 말하고 글을 썼던 것이 지금 현실로 모두 이루어졌기 때문에 영생을 확인하려면 30년이란 세월이 필요한 것이다.

   이 나라에 상상을 초월하는 남북통일과 고구려 영토 수복, 세계 정복을 위한 천상지상 프로젝트가 천기 24년 7월 6일부터 가동되고 있다. 저자가 이 나라의 대통령이 되는 것은 물론 81억 인류를 지배 통치하며 다스리는 인류의 대황제로 영구 집권하기 위해 등극한다.

   세계 81억 인류가 감복하여 태초의 조물주 하늘이신 천황님께 경배하고 알현하기 위하여 이 나라로 구름처럼, 물밀듯이 들어오니 관광객들이 넘쳐나고 수출입 교역량이 폭증하여 침체된 경기가 살아나기 시작한다.

   지구와 인류의 주인이신 태초의 조물주 하늘이 천기 24년 7월 6일(음력 6월 1일) 소서 절기에 인간 육신으로 하강 강림하여 세계 정복자이자 세계 지배 통치자, 영생자 천황님으로 등극식을 하시었으니 공감하거든 친견 알현 신청할 수 있다.

(천황님의 나라 02-3401-7400)

| 목차 |

책을 집필하면서/ 4

제1부 불로불사의 꿈/ 13
 인명재천(人命在天)/ 14
 육신의 영생이 가능할까?/ 18
 영생하는 천황님 천지인 기운/ 22
 불로불사 영생은 천황님/ 26
 영생의 비밀을 찾았다/ 30
 30대 동안의 모습으로 변신/ 36
 천만사 상통 천황님/ 41
 불로불사 불사약, 불로초/ 45
 불로장생의 천황님 기운/ 49

제2부 신비로운 풍운조화/ 57
 양동이로 퍼붓는 장대비 멈추게 해/ 58
 한반도로 상륙하는 태풍 막아/ 62
 150미리 강우 신명공사/ 67

제3부 하늘의 부모 만생천부/ 71
 만생천부 대우주 천황님/ 72
 만생천부 하늘을 사칭/ 78
 만생천부의 황실가족이 역모/ 82

만생천부의 후천세상/ 86
만생천부의 천군사령부/ 90
만생천부 하늘을 못 찾은 이유?/ 94
만생천부의 화신, 분신, 현신/ 98
만생천부 하늘의 모습과 음성/ 102
인류 대혁명과 종교 대혁명/ 106

제4부 천황님 시대 개막/ 109
지구와 인류의 주인은 천황님/ 110
천상에 올라가 보았더니/ 116
천상에서 어떻게 살다 지구에 왔나/ 124
하늘이 숨겨 놓은 천황님의 나라/ 126
천황님 만나러 사람으로 태어나/ 137
진짜 하늘은 누구인가?/ 143

제5부 하늘이 천황님으로 등극/ 147
천황님으로 등극하기까지 70년 세월/ 148
천황님으로 등극하는 날/ 152
천황님의 기운을 받고 살아가야/ 156
천황님의 나라 태상천/ 160
인류가 천황님을 찾지 못한 이유/ 166
대우주의 주인 천황님/ 170
천황님에게 숨겨 놓은 복덩어리/ 174
천황님의 기운 받는 神人들/ 176
재산을 사후세계로 가져간다?/ 180

제6부 종교에서 기다리던 하늘/ 185
  교회의 하나님이 아닌 진짜 하늘/ 186
  누구를 찾으려고 종교에 다니나?/ 192
  세상에서 가장 무서운 것이 종교/ 200
  종교 소멸과 세계 정복 및 영생/ 202
  가짜가 진짜 같은 세상/ 208
  종교세계 역사는 이제 끝났다/ 212
  하나님은 진짜 "하늘"이 아니었다/ 217
  천상에는 허락받지 않고 못가/ 221
  하늘의 복제 쌍둥이가 악(惡)/ 225
  15번째 윤회 환생 행성/ 229
  천상황실 가족이 반란 일으켜/ 233
  하늘과 신인류 세상을 열어가자/ 237

제7부 천황님의 신비 보호막/ 241
  인생을 힘들게 하는 악귀잡귀들/ 242
  종교에서 누구를 찾고 기다리나/ 248
  소원성취 도법주문 창시/ 253
  독일 아돌프 히틀러 예언/ 257
  병마로부터 벗어나려면/ 261
  제사, 차례, 성묘 안 지내도 돼/ 265
  벌어 놓은 돈 다 쓰고 죽어라/ 269
  가족들 천인합체로 숨겨진 보물 찾아/ 273

제8부 천황님의 천지인 기운/ 277

  청와대는 왜 비워진 것일까?/ 278
  천황님의 터 청와대! 대통령은 시간문제/ 284
  나라 경제를 살려 줄 천황님/ 290
  태건당 공천 받으면 무조건 당선/ 294
  천손의 유래와 지구세/ 298
  이왕이면 천황님과 함께/ 302

제9부 태건당과 미래 비전/ 307

  태건당 총재 인사말/ 308
  태건당 창당 이념/ 319
  태건당 정책 공약/ 329
  태건당이 세상을 다스리며 정복/ 340
  인간 · 조상 · 영혼 · 신명들의 천상지상 벼슬 품계/ 348

  책을 맺으면서/ 349

제1부
불로불사의 꿈

인명재천(人命在天)

인명재천(人命在天) 물명재인(物命在人)

사람의 수명은 하늘에 달려 있다는 뜻으로 죽고 사는 문제를 인간의 힘으로 어찌할 수 없으며 길게 살지 일찍 죽을지를 인간 스스로 결정할 수 없다는 말이다.

인명재천(人命在天)은 인간의 운명은 하늘에 달려 있고, 물명재인(物命在人)은 인간 이외 만물과 생명체의 운명은 인간에게 달려 있다는 뜻이다. 불로불사의 꿈을 이루려는 진시황의 일화는 지금까지도 전해지고 있다.

통일제국의 진나라를 건설한 최초의 시황제가 죽지 않는 불사약을 구해오라고 바다 건너 봉래 방장 영주의 삼신산 신선에게 동남동녀 300인을 보냈지만 구하지 못해 돌아오지 않았다고 한다. 거대한 중원 대륙을 통일하고 불로장생을 꿈꾸었던 진시황은 순행 도중 50세에 허망하게 죽었다.

인류의 오랜 꿈이자 오랜 숙제인 불로장생과 영생을 위해 불사약과 불로초를 찾으려고 혈안이 되었지만 아무도 찾지 못하고, 모두가 허망하게 세상을 떠났다. 인류 역사 이후 아무도 장생이나 영생한 사람이 없다.

그런데도 사람들은 언제나 불로장생을 꿈꾸며 노래 부르고 있다. 말이 씨가 된다고 인류의 꿈인 불로장생의 비밀이 인류 최초로 밝혀졌다. 그 정답이 인명은 재천에 있었는데, 인간 육신을 처음 창조한 태초의 조물주 하늘이신 천황님께 장생과 영생의 비밀이 있었던 것이다.

천기 24년 7월 6일(등극식은 7월 7일 일요일 거행) 창조의 신이신 태초의 조물주 하늘께서 태건당 방상용 총재 저자 육신으로 오시어서 천황님으로 등극식을 거행하시었는데, 상상을 초월하는 이변이 일어났다.

저자 나이가 70세인데, 갑자기 30세 초중반의 모습으로 변해서 참석자들이 아우성치고 난리 났었다. 천황님 등극식 행사에 전국 각 지역에서 올라온 수많은 사람들이 참석하여 지켜보는 앞에서 벌어진 광경이었다.

내 자신이 거울을 들여다봐도 정말 30대 초중반 모습

으로 변해 있었다. 천황님 등극식 행사 끝나고 찍은 여러 장의 사진을 보았더니 정말 믿어지지 않을 정도로 젊어져 있었는데, 참석자들 이외에 이것을 누가 믿어 줄까. 물론 사진으로는 태건당 홈페이지에 게재해 놓았고 포토샵으로 고치지 않은 실제 사진들이다.

천황님으로 등극식 행사 당일 35~40년의 세월이 거꾸로 흘러버렸는데, 이것은 의학적으로든 뭐로든 도저히 설명할 길이 없는 신비로운 현상이 일어난 것이라 어리둥절할 뿐이다.

독자들은 여기서 무엇을 느꼈을까? 뭐지? 저자는 천황님으로 등극한 창조의 신이시자 태초의 조물주 하늘은 불가능이 없으신 천지대능력이 무소불위하실 정도로 어마어마하시다는 것을 확인하는 계기가 되었다.

불로수명장생이나 영생은 천황님으로 등극하신 창조의 신이시고, 태초의 조물주 하늘의 고유영역이자 고유권한이었다. 인명재천이듯 인간을 창조하신 천황님의 기운이 영생의 비밀이었다.

불로불사는 대우주를 창조하신 태초의 조물주 하늘이

신 천황님 한 분뿐이시다. 불로불사, 불사약, 불로초, 불로장생이나 영생을 꿈꾸는 사람들은 이곳에 들어와서 천황님께 불로장생의 기운을 받고 살아가는 것이다.

천황님께서는 불가능이 없으신 분이시고, 생로병사와 천국과 지옥을 모두 주재하시는 무소불위하신 절대자로 외계 행성인들은 대우주 천황님으로 부른다.

저자가 수많은 이적과 기적을 보여주었는데도 사람들이 믿지 않고, 오히려 사이비라고 비난 험담하며 말도 안 된다고 비하하는 사람들이 많은데, 겉으로 보이는 인간 모습으로만 보니까 인정이 안 되는 것이다.

모습은 인간이지만 내면은 창조의 신이신 태초의 조물주 하늘 자체인 천황님이다. 이제 세상에 천황님으로 등극하여 이 나라의 대통령이 되어 청와대로 들어가서 세계를 정복하는 천상지상 프로젝트를 가동할 것이다.

인간들이 원하고 바라는 불로장생과 영생을 30년 안에 실현시켜서 세상 사람들에게 보여 주어 인류의 역사를 재창조할 것이다. 임상실험 30년의 시간은 훨씬 앞당겨 몇 달 몇 년 안에 이루어질 수도 있다.

육신의 영생이 가능할까?

　현대의학적이든 생명공학적이든 인간 육신의 영생은 불가능하다는 결론이 나왔다. 남들보다 어느 정도 더 오래 살 수는 있지만 영생이란 것은 불가능한 일로 결론이 났다. 하지만 종교 안에서는 종교 지도자들이 끊임없이 영생을 외치고 있기에 많은 사람들이 현혹되고 있다.

　상식적으로 생각해 봐도 당연히 불가능하다. 이것은 창조의 DNA를 바꾸지 않는 이상 절대로 불가능한 일이고 모든 생명체는 태어나면 언젠가 죽게 되어 있다. 영생은 인간의 강력한 희망이지만 영생의 실현 권한은 무에서 유를 창조하시는 천황님의 권한이기에 인정할 자들은 들어오고 부정할 자들은 안 들어오면 된다.

　천황님을 진정으로 인정할 자들과 영생을 필요로 하는 자들만 영생의 천지인 기운을 내려 줄 것이다. 누군가는 영생을 이룰 수 있기 때문에 지구에 인류가 태어나는 순간부터 인간 육체의 영생을 외쳐왔던 것이다.

　인류가 태초의 조물주 하늘이신 천황님을 찾지 못했기 때문에 영생의 길을 찾지 못했다. 이제부터 인간 육신의 영생을 가능케 하시는 태초의 조물주 하늘이 태건당 방상용 총재 인간 육신에 하강 강림하시어 천황님으로 등극하시었으니 영생하려는 인간, 영혼, 조상, 신들은 천황님의 나라에 들어오고, 반신반의하는 자들은 30년의 세월이 흐른 뒤에 영생이 확인되거든 들어오면 된다.

　분명 어딘가에는 영생의 비밀이 숨겨져 있었던 것인데, 천황님 육신이 아닌 이상 아무도 찾아낼 수가 없었다. 그래서 이 나라에 태초의 조물주 하늘이 천황님으로 등극하신 것이 대한민국을 최고의 경제대국, 수출대국, 관광대국, 영토대국, 인구대국, 군사대국 등 6대국을 이루고 천하세계를 정복하고 다스리며 조공을 받게 된다.

　영생이 현실로 확인되는 순간 이 나라가 세계 국가들의 구심점인 중심국가로 급부상하게 되고, 영생의 천지인 기운을 받으려고 세계 인류들이 물밀듯이 몰려오게 되니 비행기가 내릴 곳이 없고, 배를 댈 곳이 없다는 예언이 현실로 도래하게 될 거다.

영생의 가장 기본 조건은 천상에서 하늘을 배신한 역천자의 죄를 빌어 용서받아야 한다. 천상에서 어떤 죄를 지었는지 천생록을 뽑으면 나오기에 천상의 죄목을 진심으로 빌어야 하고, 죗값도 함께 바쳐야 한다.

인간들은 어느 날 갑자기 인간으로 태어난 것이 아니라 천생과 수많은 전생이 존재한다. 육체의 영생도 중요하지만 영혼의 영생도 매우 중요하다. 지금 종교를 열심히 다니는 사람들은 영혼과 육신의 영생을 못한다.

현존하는 종교는 태초의 조물주 하늘이신 천황님을 배신한 악들이 세운 종교이기에 구원은 고사하고 불지옥 입문 0순위이고, 축생계로 윤회(환생)한다. 지금까지 세계 인류가 열심히 믿고 있는 모든 종교 숭배자들은 하늘이 아니고 하늘을 배신한 악들이기에 구원이 없다.

이미 세계 81억 인류의 육신 자체와 생각을 지배하고 있는 악신, 악마, 악령, 악귀들이기에 이 책의 글을 읽어 보아도 무슨 내용인지 이해도 안 되고 재미가 없을 것이며, 영생이란 단어 자체를 무조건 부정하고 무시한다.

사이비 이단으로 몰아붙일 것인데, 이제까지 종교에

열심히 다니면서 종교 사상으로 가득 찬 사람들은 이 글을 읽고 다시 한 번 생각하는 계기가 될 것이다. 하나님, 하느님, 부처님, 상제님, 알라신이 가짜이거나 이들보다 더 높은 진짜 하늘이 계실 수 있다는 생각을 갖게 된다.

태초의 조물주 하늘이신 천황님이 지구 행성에 종교 자체를 허락하시지 않으셨기에 4대 정통 종교를 비롯한 지구 행성에 세워진 모든 종교가 사이비 이단 종교들이고, 모든 종교가 하늘도 아니면서 하늘을 사칭하고 있다.

진짜는 천황님의 나라 태상천과 정당의 최후 보루인 태건당이 국가와 국민들을 살려낼 곳이다. 이곳이 사이비가 아니라 신도들 자체가 몽땅 사이비 종교인들이다. 이곳이 진짜라는 것을 앞으로 30년 안에 육신의 영생을 통해서 현실로 생생히 보여 줄 것이다.

천황님의 나라가 진짜인지 가짜인지 믿지 못할 것이니 천황님으로 등극한 내가 30년 후 100세가 되어도 현재 사진처럼 30대 모습으로 늙지 않고 살아 있는지 확인한 후에 인정하고 들어와도 된다. 영생을 못 믿어 30년 세월을 기다리며 지켜보다가 죽을 자들도 엄청 많을 것이다.

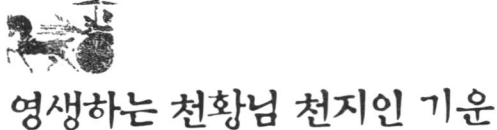
영생하는 천황님 천지인 기운

　인간들의 오래된 화두가 늙지 않고, 병들지 않고, 부귀공명의 기쁨과 행복, 즐거움을 영원토록 누리며 살아가는 것이 공통된 목표 일 것이다. 인간은 태어나면 왜 죽어야 하는가? 인간 100세 수명이 아닌 1,000세, 10,000세, 100,000세를 살아갈 수는 없을까 궁금할 것이다.

　죽지 않으려는 전 세계의 왕이나 대통령들, 부자들이 불로초와 수백 년 된 산삼을 천문학적 거액을 주고 사서 먹어봐도 가는 세월 잡을 수 없고, 어김없이 찾아오는 죽음의 저승길은 아무도 못 막아낸 것이 인류이다.

　이외에도 인간들의 죽기 싫어하는 본능을 부추겨서 영생을 시켜준다는 전 세계 종교들은 특정 종파를 가리지 않고 무수히 많다. 다만 살아서 육신의 영생이나 아니면 죽음 이후 영혼의 영생이냐가 화두이다.

대다수 종교들은 죽음 이후 사후세계 영생을 보장한다고 교리를 전파하고 있으나 거짓말이다. 죽음 이후 영생은 세상에 오래도록 알려진 온갖 종교 숭배자들이나 종교 지도자들이 사후 영생을 외치고 있지만, 사후 영생 역시 태초의 조물주 하늘이신 천황님의 고유영역이자 고유권한이기에 종교를 믿어서는 절대로 불가하다.

81억 세계 인류는 지구가 창조된 이후 대우주의 수많은 행성들과 행성인(외계인), 지구인(인류), 삼라만상 산천초목 만생만물의 창조주이시자 태초의 조물주 하늘이신 천황님의 존재를 46억 년의 지구 역사를 가지고 있으면서도 밝혀내지 못하였다.

수천수만 년 동안 종교적으로 전해지는 죽은 성인 성자급 남의 나라 조상 귀신들인 온갖 종교의 숭배자들을 마치 하늘인 양 숭배하며 받들어 왔던 것이다.

전 세계적으로 난다 긴다 하는 영매사들이 얼마나 많을 것이며, 하나님, 하느님, 상제님, 부처님, 미륵님, 예수님, 성모님, 알라신, 천지신명님과 소통한다는 내로라하는 자들이 어마어마하게 많을 것이지만 태초의 조물주 하늘이신 천황님의 존재를 찾아낸 자들은 전무후무하다.

천황님의 나라 태상천에서 천황님으로 등극한 저자(태건당 방상용 총재)가 처음으로 태초의 조물주 하늘이신 천황님의 존재를 찾아내서 마침내 나이 70세(1955)가 되는 올해 천황님으로 등극하게 되었다.

수많은 생명공학자들과 종교지도자들, 영매술사들이 꾸준히 육체의 영생에 대해서 포기하지 않고 온갖 실험을 강행하고 있다. 어딘가에 방법이 있을 것이고, 언젠가는 현실로 이루어진다고 생각하기 때문에 포기할 줄 모르고 끊임없이 도전하고 있는 것이다.

원래 불가능은 없는 법이다. 정답을 찾지 못하였기 때문에 불가능해 보이는 것일 뿐이다. 인류가 원하고 바라는 영생의 정답을 저자가 찾은 거 같다. 이제 시간이 많이 흘러가는 것만 지켜보면 된다. 앞으로 30년 동안 천황님으로 등극한 저자의 모습이 100세가 되었을 때 그 안에 죽는지, 살아 있다면 어떤 모습인지만 확인하면 된다.

그리고 저자뿐만이 아니라 하늘의 명을 받은 신인류들인 천인, 신인, 도인으로 재창조된 천황님의 신하들이 함께 영생하고 있는지 30년 후에 영생의 비밀이 현실로 밝혀진다. 영생은 저자 한 명만을 보고 평가할 것이 아니라 신인류들인 천인, 신인, 도인들의 영생도 확인해야 한다.

　지구인들은 모두가 천상에 천황님의 나라에서 죄를 짓고 내려온 역천자 죄인들의 신분이기에 육체의 영생이든 영혼의 영생이든 이룰 수가 없다. 태초의 조물주 하늘이신 천황님의 신인류들인 천인, 신인, 도인들로 특별히 선택받은 자들에게만 영생의 기회가 주어지고 있다.

　육체의 영생과 영혼(생령)의 영생 고유영역과 고유권한은 태초의 조물주 하늘이신 천황님 소유이신데, 저자 인간 육신으로 하강 강림하시어 천황님으로 등극하시어 오랜 원과 한을 푸시었고, 영생의 기운을 이미 내려주셨기에 시간과의 싸움만 남아 있다.

　만생천부 대우주 천황님의 무소불위한 천지대능력은 인간들이 상상조차 못할 정도로 어마어마하고 천만사에 불가능이 없으시다. 그래서 인류 대황제 인존태황 태건당 방상용 총재가 명을 내리면 그것이 현실로 반드시 이루어진다. 즉시 이루어지는 것부터 시간이 걸리는 것까지 천차만별이다. 그래서 불로불사 불로장생과 영생도 반드시 현실로 이루어지고 확인하려면, 다소간 시간이 걸릴 수 있을 뿐인데 늦어도 30년 안에는 확인이 된다.

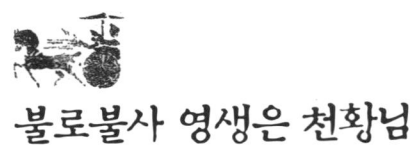
불로불사 영생은 천황님

　영생은 천지만생만물의 창조주이신 천황님의 고유권한이시다. 수많은 생명체들을 창조하시면서 죽음도 창조하시었다. 생명체들마다 수명을 각기 다르게 부여하여 창조하시었고 음양의 조화를 이루게 하시었다.

　천황님이 내려주시는 천지인의 기운을 받고 살아가면 육신이 노화되지 않고 젊음을 유지하며 살아갈 수 있다. 영생을 이루려면 천황님의 명을 받아 죽지 않고, 늙지 않는 20대 모습으로 영생하는 신인류로 재창조되어 천황님께서 내리시는 천지인의 기운을 24시간 받아야 한다.

　앞으로 30년간은 임상실험 기간이기에 지켜봐야 하고, 영생할 자들은 여러 시험 단계(인성, 적성, 품성, 변심)를 거치게 된다. 배신행위는 영생에 독이고, 죽어서 천상으로 영원히 오르지도 못한다. 천황님의 나라는 지구 행성에서 살아가는 지구인들에게는 이상향의 꿈같은 상상의 세상으로 여겨지지만 천황님의 나라 태상천에서는 현실세계 그대로 존재하는 무릉도원 세계이다.

지구에서 인간으로 살아가는 것은 천황님의 나라 태상천에 들어와 천상에서 지은 죄를 천황님께 용서빌기 위함이지만, 이런 진실을 받아들일 사람들은 많지 않고, 죽음 이후의 세상에 대해서도 반신반의한다.

영생을 누리더라도 언젠가 때가 되면 죽어야 하는 것이 만생만물의 자연 법칙이다. 사람이 죽으면 육신은 장례를 치르고 납골당, 납골묘, 산소, 공원묘지에 안장하면 되지만, 몸 안에 있던 영혼들에게는 아무 소용이 없다.

영혼들의 집이자 영원한 고향은 천상궁전이기에 어떻게 하면 천상으로 오르느냐가 가장 큰 문제이다. 천상궁전으로 오르는 길은 지구 행성에서 천황님의 나라 태상천 한 곳밖에 없다. 이 세상의 모든 종교는 천상의 도망자 악신들이 세운 곳이기에 구원받을 수 없다.

천황님이 여러분과 조상들의 현생과 내생의 생명줄이다. 무소불위한 천지인의 기운을 갖고 계신 분이 천황님이시기에 국가자산 1호, 국가보물 1호이다.

태초의 조물주 하늘이 태건당 방상용 총재 인간 육신으로 내리시어 천황님으로 등극하셨는데, 이제까지 하늘과 소통이 안 되어 하늘을 사칭하며 종교 장사해 먹던 종교인들의 만행이 모두 드러나게 생겼다.

대우주의 주인이 태초의 조물주 하늘이시고, 태건당 방상용 총재 인간 육신으로 하강 강림하시어 천황님이 되시었으니 이제 종교 장사는 종쳤다. 속아 넘어간 자들도 죄가 크니까 넘어간 것이니 어찌할 것인가?

종교 열심히 다니는 사람들은 죽어서 이 세상을 떠난 뒤에 방상용 태건당 총재가 누구인지 저승사자들과 판관사자들에게 물어보기 바란다. 종교를 믿는 자체가 모두 악신들의 놀음판이지 진짜는 천황님의 나라뿐이다.

기독교 2024년, 불교 3051년 동안 돈 바치고 몽땅 속았으니 얼마나 기가 막힌 일인가? 돈 바친 것도 억울한데 그것이 모두 가짜라니 참 기가 막혀도 보통 기가 막힌 것이 아니다. 천황님으로 등극한 태건당 방상용 총재가 진짜 태초의 조물주 하늘인데 엉뚱한 곳에 바쳤다.

손해가 이만저만이 아니다. 돈 바치고, 속은 데다가 악들 앞에 줄을 섰으니 하늘 앞에 또 다른 죄를 지은 것이다. 누가 진짜 천황님이신지 세월이 말해 준다. 말이나 글은 속일 수 있겠지만 세월은 속일 수가 없다. 앞으로 30년의 세월이 흐른 뒤에 태건당 방상용 총재가 30대 모습을 유지하고 있다면 그때는 믿을 것인가?

이 나라와 전 세계 국가는 30년 안에 천황님이 정복하고 다스리며 지배 통치하게 된다. 지구의 주인도 천황님이시고, 인류의 주인도 천황님이시다. 그래서 한 명, 한 명에게 설득할 필요 없이 시간이 흐르면 자연적으로 천황님이 누구인지 스스로 알게 된다.

태초의 조물주 하늘이 인간 육신으로 하강 강림하여 천황님으로 등극하였으니 더 이상 하늘을 사칭하며 종교 장사하는 거 끝났다. 교회에서, 성당에서, 절에서, 무속에서, 도교에서 빨리 나와야 한다. 천상의 하늘나라로 가는 길은 지구에서 천황님의 나라 태상천 한 곳뿐이다.

수십억 년 동안 상상 속의 하늘에서 이제는 인류 대황제 인존태황 태건당 방상용 총재 육신으로 내려오시어 천황님 등극식으로 현실세계의 하늘이 되시었으니 종교란 자체가 더 이상 필요 없어졌다.

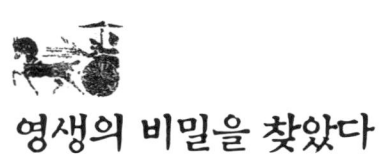
영생의 비밀을 찾았다

인간들이 영생을 못하는 이유는 여러 가지 원인이 있으나 가장 큰 것은 창조의 DNA 수명이 100년 남짓으로 맞추어져 있다는 것이고, 그다음은 천상에서 지은 죄가 무엇인지도 모르고, 태초의 조물주 하늘이신 천황님께 용서받지도 못했기 때문이다.

수명 장생과 영생은 창조의 신이자 태초의 조물주 하늘이신 천황님의 고유영역이자 고유권한인데, 100년 남짓으로 타고난 수명을 하늘에 고하여 일정 기간 늘리는 천고 의식과 죄 사면 의식 병행이 필요하다.

사람마다 살고 싶어 하는 희망 나이가 모두 다를 것이기에 선택 사항이다. 사는 데까지 살다가 죽겠다는 사람들과 나는 150세, 200세, 300세…100,000세 이상까지 오래 살기를 원하는 다양한 부류들이 존재할 것인데, 영생의 관점을 몇 세까지로 설정해야 할지 고민이다.

10만 세를 살아도 더 살고 싶어 하는 사람들도 있을 것이고, 1백만 세, 1천만 세, 1억 세, 1조 세, 1경 세, 1해 세, 1자 세, 1양 세, 1구 세, 1간 세, 1정 세, 1재 세, 1극 세, 1항하사 세, 1아승기 세, 1나유타 세 등등 끝이 없다.

인류 최초로 시도하는 수명 장생 및 영생 프로젝트이기에 참여자 모두가 30년 동안 1차 임상실험 대상자들이 되는 것이다. 이곳에 들어와 각자들이 희망하는 수명 장생 및 영생의 나이를 몇 세로 할 것인지 설정해야 한다.

창조주이신 태초의 조물주 하늘 천황님께 수명 장생 및 영생을 윤허 받는 천고 의식 이후 매월 1회 정기적으로 수명 장생 및 영생에 필요한 천지인 기운을 친견 알현하여 새롭게 충전 받아야 한다.

수명 장생 및 영생 프로젝트는 갑자기 젊어지는 것이 아니라 매년 젊어지는 시간 과정이 필요하기에 지켜보는 임상실험 기간을 1차 30년으로 설정한 것인데, 천황님께 명을 받으면 스스로 피부가 변화하고 있다는 것을 본인은 물론 주변 사람들이 먼저 알아본다.

지구 행성 포함 대우주에서 모든 생명체들 중에서 영원

히 죽지 않고 불로불사할 수 있는 존재는 대우주 천황님으로도 불리시는 태초의 조물주 하늘이신 천황님뿐이시다. 수명 장생이나 영생하려면 불로불사 창조주이신 천황님 천지인 기운을 24시간 받고 살아가는 것이고, 하늘의 뜻에 순응하는 순천자가 되어야 한다.

수명 장생 및 영생 프로젝트는 약을 먹는 것도 아니고 복식호흡이나 기체조하여 기를 수련하는 것도 아닌 창조주이신 천황님으로부터 불로불사의 천지인 기운을 받아 인류 최초로 장생과 영생을 시도하는 것이다.

의학적으로나 생명공학적으로는 이해가 안 되고 불가능한 일인데, 창조의 신이신 태초의 조물주 하늘 천황님께서 불가능이 없는 무소불위하신 능력을 세상에 보여주어 영생을 30년 안에 실현시켜 종교를 소멸하고 세계 인류를 정복하여 지배 통치하며 다스리기 위함이다.

다수의 일상실험 대상자들이 30년 안에 혁신적으로 젊어지는 것이 객관적으로 확인되면 세계의 유명 인사들이 돈을 싸들고 이 나라로 물밀듯이 몰려올 것은 자명한 일이다. 모든 생명체들은 태어나면 언젠가는 죽어야 하는 것이 만물의 이치인데, 유독 죽기 싫어하며 몸부림치며 온갖 좋다는 보약을 먹는 사람들이 많다.

부자들은 영생만 할 수 있다면 금액에 상관없이 수명 장생 및 영생 프로젝트에 참여할 것이다. 하지만 전 세계적으로 수명 장생 및 영생이 입증된 임상 사례가 없어서 정해진 천명대로 때가 되면 죽는다.

수명 장생 및 영생 프로젝트는 창조주이신 태초의 조물주 하늘 천황님께서 저자 육신을 통해서 존재를 드러내시고, 천황님의 능력이 얼마나 대단한지 세상에 보여주시고, 세계를 정복하여 지배 통치하며 다스려 6강대국을 이룩하기 위함이시다. 인간들은 조물주 하늘 천황님의 능력을 상상만 할뿐이지 정확히 알지 못한다.

그리고 살아 움직이시는 하늘이시다. 이제까지 진짜가 아닌 가짜 하늘이 세상을 지배 통치하고 있었기 때문에 진짜 하늘의 능력이 어떠한지 경험하지 못했다. 1999년부터 현재까지 저자를 통해서 보여주신 천황님의 이적과 기적은 상상을 초월할 정도로 엄청 많고 대단하시다.

그때마다 63권의 책에 수록하였어도 지어낸 이야기라고, 소설이라며 믿지 않을 정도이다. 이 책에 장대비를 멈추고, 가뭄에 단비를 내리고, 태풍을 막는 풍운조화의 신비 사례는 빙산의 일각에 지나지 않을 정도로 엄청 많은데, 말해주어도 직접 체험하지 않는 사람들은 절대로 이해하지 못하고 진실이라고 인정하지 않는다.

세상이 가짜가 판을 치는 세상이다 보니 진짜가 나타나도 무조건 가짜라고 매도하기 바쁘다. 이제까지 이 세상 인류의 정신을 지배 통치한 하나님, 하느님, 상제님, 부처님, 알라신, 시바신, 라마신에 세뇌되다 보니 어느 누구도 믿지 못하는 불신의 세상이 되어버렸다.

인간들이 쌓은 불신의 장벽을 깨버리시려고 창조주이신 태초의 조물주 하늘이 저자 육신으로 오시어서 천황님으로 등극식을 하시었다. 그리고 말이나 글은 거짓말로 상대방을 속일 수 있기 때문에 검증시켜 주고자 수명 장생과 영생 프로젝트를 세상에 공표하신 것이다.

말이나 글은 안 믿으니 젊어진 모습을 보여주어서 81억 세계 인류가 스스로 인정하게끔 만들기 위한 세계 정복 프로젝트가 가동되고 있는데, 그것이 조물주 하늘 천황님의 수명 장생 및 영생 프로젝트이다.

말이나 글을 믿지 못하는 세상이 되다 보니 만인들이 객관적으로 인정할 수 있는 피부 노화 방지, 청춘으로 회귀하여 죽지 않는 불로불사의 육체를 보여주어 인간들로부터 불사의 신으로 인정받으려 함이다.

창조의 신이시기에 불가능이 없는 천황님이시므로 세계 정복 프로젝트를 수명 장생과 영생 실현으로 인류가 창조의 신이신 천황님 앞에 스스로 인정하고 경찬하는 초석을 마련하기 위함이다.

인간들이 가장 원하고 바라는 것이 죽지 않는 불로불사의 꿈을 현생에서 이루는 것이다. 인생이 고달프고 힘들면 극단적 선택이나 빨리 죽어야지 하면서도 실상은 오래 살기를 원하는 것이 인간들의 심리이다.

늙어서 오래 살면 그것은 산지옥이나 마찬가지이기에 청춘의 모습으로 영생하기를 바라는 것이 모든 사람들의 꿈이자 희망이다. 인간들은 무엇을 이루려고 불로불사하며 왜 오래 살고 싶어 할까? 인류의 오랜 원대한 꿈을 천황님의 나라에서 저자가 최초로 수명 장생 및 영생을 시도하는데, 동참할 독자들은 예약 후 방문해야 한다.

30대 동안의 모습으로 변신

    태건당 방상용 총재는 1955년생으로 70세인데, 천기 24년 7월 7일 14:00 천황님으로 등극식을 행하는 날 경이로운 이적과 기적이 일어나 70세에서 30대 초중반 나이로 젊어졌다. 참가자들 대다수가 30대 초중반으로 젊어졌다고 아우성들이었다.

    천황님으로 등극식 하기 전과 후, 불과 몇 시간 만에 30대 모습으로 바뀐 것은 태초의 조물주 하늘께서 태건당 방상용 총재 육신으로 하강 강림하신 이후부터 얼굴이 전체적으로 순간 변신하여 30대 동안의 모습으로 바뀌어 버린 것인데, 과학적으로는 설명할 방법이 없다. 그래서 참석자들 모두가 경악하며 깜짝 놀란 모습들이었고, 변화된 모습들에 감탄, 감동, 감격하는 문자 메시지가 줄줄이 이어졌다.

    상상을 초월하는 이런 천변만화의 조화는 생각조차 못

해 본 일들이다. 천황님 자리에 등극함으로써 인생이 어떻게 바뀌어나갈 것인지 적나라하게 보여주는 것이다. 인생의 삶이 변화하는 데는 다소간 시간이 걸리겠지만, 70세 모습에서 동안의 모습으로 순간 변화를 통해서 천황님의 무소불위하신 천지대능력이 얼마나 대단하신지 생생히 보여주신 천지대공사이셨다.

천황님과 함께하는 사람들이 앞으로 겪게 될 미래를 미리 보여주신 것이다. 예수의 서기 2000년 기운을 멸하고 새로운 신인류 천황님 세상을 열고자 2001년 2월 4일 03:28 입춘 절입시간에 하늘의 기원인 천기 원년을 선포하였고 현재는 천기 24년이다. 천기 원년 선포 이후부터 매년 나이를 먹어가는 것이 아니라 **빼** 먹게 될 것이라는 메시지를 받았다.

즉 나이를 거꾸로 먹는 것이고, 천기 원년 선포할 때 46세였는데, 24년이 흘렀으니 2001년부터 24년을 **빼면** 태건당 방상용 총재의 나이가 22세이다. 2001년도에 예수의 기원인 2000년의 기운을 소멸시키려고 천기 원년을 선포할 때 태초의 조물주 하늘께서 너는 매년마다 젊어진다고 말씀을 해주신 것이었다.

천수영생을 통해서 영생할 수 있는 기틀을 마련해 놓았고, 천하세계를 정복하고 지배 통치할 천상지상 프로젝트도 준비되어 있다. 태건당 방상용 총재가 앞으로 1,000년~10,000년 후에도 20~30대 동안의 모습을 하고 있다면 전 세계 인류가 성지순례하러 천황님의 나라 태상천으로 물밀듯이 몰려올 것이다.

1,000~10,000살이 되어도 현재처럼 동안의 모습을 하고 있으면 전 세계는 천황님의 나라 하나로 자연적으로 통일된다. 태초의 조물주 하늘이신 천황님의 계획에 의하면 태건당 방상용 총재는 앞으로 5만 년~10만 년을 더 살아갈 수 있다고 하시었다.

그리고 천황님께서 내 육신의 수명을 자유자재로 좌우하신다고 하시며 내 자신이 그만 살겠다고 말할 때까지 지구 행성에서 살아갈 것이라고 하시었다. 인류 최초로 영생을 현실로 이루어주시는 것이다. 인간의 생명과학 문명이 아무리 발달하여도 천황님의 무소불위하신 천지대능력을 따라갈 수는 없다.

천황님의 천지인 기운(삼계대권)을 받고 살아가면 불가능이 없는 인생을 살아간다. 태건당 방상용 총재를 천황님이라 부를 수 있는 자체가 기쁨이고 행복이며 즐거움이다. 국민들과 국가의 운명이 바뀌는 것은 천황님의 천지인 기운(삼계대권)을 받으면 된다.

이 나라에 상상 속의 창조주 하늘이 태건당 총재 육신으로 오시어서 현실의 살아 움직이시는 하늘이신 천황님으로 등극하신 자체가 국민들 모두에게 대경사이고, 금전으로는 환산할 수조차 없는 금액이다.

저자 하나만의 기쁨과 행복이 아니라 나라 전체 국민들의 기쁨이자 행복이다. 인간이 불로불사할 수 있는 천지인의 기운은 태초에 대우주를 창조하신 창조의 신이 천황님이시고 불로불사의 하늘이시다.

임상기간이 앞으로 30년 주어졌다. 30년의 임상실험 기간 동안 저자를 따르며 함께하는 핵심 당원들이 불로불사의 천지인 기운을 받아 매년마다 나이를 거꾸로 먹어 젊어진다는 것이 확인이 될 것이다.

그러면 이 세상은 아무도 경험하지 못한 천지가 개벽하는 새로운 신인류 신인 세상을 맞이하게 된다. 젊음으로 회귀하는 것이 방송을 타면 세계 유명인사들이 구름처럼 몰려들어 오게 된다.

　천지만생만물을 창조하신 태초의 조물주 하늘이신 천황님과 함께하여 기운을 받으면 수명 장생과 영생의 뜻을 이룰 수 있다. 영생의 천지인 기운은 창조주이신 천황님만이 갖고 계시기에 저자 육신만을 보고 판단하며 생각하지 말고, 저자 내면에 대우주의 주인이신 천황님이 항상 계신다고 생각하며 이 책을 읽어나가는 것이 좋다.

　그래서 인류가 하지 못하는 수명 장생과 영생, 세계 정복을 추진하는 것이다. 독자들은 물론 세계 81억 인류 역시 모두가 역천자 죄인들이 살아가는 지구 행성에 내려오기 전 천상에서는 저자와 함께하였던 시절이 있었다.

　이 나라와 세계 모든 종교 숭배자들과 종교 교리와 사상이 몽땅 하늘이신 천황님의 뜻과는 전혀 다른 가짜라고 하여도 믿지 않으니까 30년 세월 동안 수명 장생과 영생을 통해서 현실로 보여주려고 한다.

　창조의 신이시고 태초의 조물주 하늘이신 천황님이 실제로 저자 육신으로 오시었는지 30년의 세월을 통해서 진짜임을 현실로 입증해 주려고 한다.

천만사 상통 천황님

　살아서든 죽어서든 천황님과 함께하는 독자들이 가장 행복하다. 돈과 재물, 권력과 명예, 건강과 불로수명 장생, 천국과 지옥의 주인이 창조의 신이자 태초의 조물주 하늘이신 천황님이시다.

　그래서 대우주와 지구에서 최고 재벌이 천황님이시고, 최고 권력자도 천황님이시고, 최고 명예도 천황님이시고, 최고 건강과 수명 장생, 영생도 천황님이시기에 함께하는 독자들이 가장 행복하고 출세한 것이다.

　천황님이 태건당 방상용 총재 육신으로 오신 것은 저자 개인적으로나 국가적으로 엄청난 행운이기에 환영할 독자들도 많을 것이고, 시샘하고 질투 나서 부정하고 무시할 독자들도 있을 것이다.

　수많은 종교인들이 너도나도 하늘을 사칭하는 자들이

하도 많아서 독자들도 이제는 하늘이라고 주장하면 모두가 사이비나 이단으로 받아들이고 매도하기에 진짜가 나타나도 또 사이비가 나타났다고 생각하고 거들떠도 보지 않고 부정하고 무시한다.

그래서 30년 안에 불로장생을 통해서 태초의 조물주 하늘 천황님이 태건당 방상용 총재 육신으로 오셨다는 것을 입증해서 보여주려고 한다. 말이나 글로는 아무리 말해주어도 인정하지 않기 때문이다.

30년 안에 세상이 상전벽해로 천지개벽하고, 종교가 자동 사라져 소멸되고, 신인류 신인들이 세상을 정복하고 지배 통치하는 새롭고 신나는 천황님 세상이 열리기에 동참하는 사람들은 좋은 기운을 받는다.

대다수 기독교나 천주교를 믿는 독자들은 모르고 있을 것이다. 자신들이 매일 기도하는 조상이 이스라엘 조상(여호와, 예수, 마리아)이라는 사실도 모르고 돈과 시간 낭비하고 있으며, 자신을 낳아주고 길러준 부모 조상은 챙기지 않고, 이스라엘 조상(여호와, 예수, 마리아)한테 천국 보내 달라하고 있으니, 이 기막힌 사실을 종교인들과 신도들은 모르고 있고 알려주어도 믿으려 하지 않고 있는 현실이다.

 기독교, 천주교가 불같이 일어났듯이 천황님 등극으로 불같이 사라진다. 냄비처럼 빨리 달아오르고, 빨리 식는 것이 한민족 근성이기에 진짜 조물주 천황님의 존재를 알게 되면 종교는 자연적으로 소멸된다.

 대우주도 천황님 것이고, 지구도 천황님 것이고 인류도 천황님 것이고, 돈과 재물도 천황님 것이고, 권력과 명예도 천황님 것이고, 건강과 불로장생도 천황님 것이기에 순천자는 흥하고, 역천자는 망한다. 모든 종교 다니는 자들이 역천자들에 해당하기에 어서 빨리 탈출해서 천황님의 나라에 들어와서 구원받아야 한다.

 이 나라 대한민국 땅에 태건당 방상용 총재의 육신으로 태초의 조물주 하늘 천황님께서 강세하셨다는 것은 전 세계 인류가 탄복할 일이며, 이 나라의 전 국민들에게는 크나큰 대영광이며 대행운이다.

 종교가 2~3천 년 동안 부흥 번창하였으나 무너지는 것은 3년 또는 30년이면 충분하다. 천국, 천당, 극락, 선경으로 입천 윤허 권한을 조물주 하늘 천황님 육신 태건당 방상용 총재가 갖고 있기 때문에 천상으로 오르는 길은 천황님의 나라 한 곳뿐이다.

세계인들이 종교에 속은 것을 알고 인정하기 시작하면 구름처럼 인산인해로 몰려들어오게 된다. 불사약, 불로초의 기운으로 불로장생과 영생하려는 세계 유명인들이 이 나라로 구름처럼 인산인해로 몰려들어오니 자연적으로 인류의 수도가 들어서게 되고, 태건당 총재인 천황님께 조공을 스스로 바치게 된다.

창조의 신이신 조물주 하늘 천황님이 오신 저자 육체와 천황님 존호 자체의 값어치는 지구 땅덩어리를 다 팔아도 모자라고, 81억 인류가 갖고 있는 모든 돈과 재물, 빌딩, 상가, 주택, 아파트, 채권, 주식, 코인, 귀금속을 다 팔아도 모자랄 정도로 어마어마하다.

천황님이 된 태건당 방상용 총재와 동시대에 태어난 자체가 행운이자 천운이다. 수천 년 된 온갖 종류의 종교 사상과 교리에 세뇌당하여 몰라보고 있을 뿐 시간이 흐르면 전 국민들이 자연적으로 알게 되고 적극적으로 지지하고 인정하며 따르게 된다. 불가능이 없는 천만사 상통의 천황님이다.

불로불사 불사약, 불로초

 너무나 엄청난 일이라 천황님을 단번에 인정할 사람들은 많지 않을 것이다. 이 글을 읽는 독자들 모두가 에이, 말도 안 돼. 완전 상상으로 지어낸 소설이네, 말세가 되니 또 사이비가 나왔네, 하늘 사칭하는 자들이 모두 가짜였는데 누가 믿겠는가 라며 비아냥거린다.

 지구에서 숭배하는 여호와 하나님, 하느님이 이스라엘 조상으로 가짜이고, 예수와 성모 마리아, 석가 부처, 알라신, 라마신, 시바신, 구천상제, 옥황상제, 인존상제, 천지신명이 천상에서 역모 반란을 일으키다 도망친 자미악, 유영, 하누, 표경과 이들의 수하들이기에 수억 년을 믿어도 구원 받아 천상으로 오르지 못한다.

 불사약, 불로초 불로불사 수명장생, 영생을 이루려는 사람들은 종교를 완전히 떠나야 불로장생과 영생의 기운을 받을 수 있다. 이 세상의 모든 종교 자체가 창조의 신이시자 태초의 조물주 하늘이신 천황님께 대적한 악들이자 배신자 원수들이다.

불로불사 수명장생, 불로장생, 영생은 천년삼, 만년삼, 불사약, 불로초 먹는다고 이루어지는 것이 아니라 천황님이 갖고 계신 무소불위한 불로불사, 불로장생, 영생의 천지인 기운을 받는 것이다.

아무도 가보지 않는 황무지 초행길이기에 믿을 사람들도 없을 것인데, 천황님의 말과 글은 한 치의 오차도 없이 25년 동안 현실로 이루어져 왔기에 이제 시간과의 기다림 싸움만 남아있을 뿐이다.

"아무것도 하지 않으면 아무 일도 일어나지 않는다"라는 말처럼 선각자, 발명가, 창조자는 항상 비난, 험담, 욕설, 조롱거림, 비아냥의 대상이었다. 종교가 몽땅 악들이라 천상으로 구원받지 못한다란 진실을 지금은 처음 들어보기에 거품 물고 반대하겠지만 진실은 언젠가 드러나게 되어 있기에 결국 승리한다.

불로장생과 영생을 해줄 수 있다고 주장하니 이것 또한 황당하다며 안 믿으려고 한다. 말이나 글은 거짓말할 수 있기에 3년~30년 안에 저자의 육체를 통하여 불로장생의 모습을 세상에 생생히 보여 줄 것이다.

인류가 지구에 태어난 이후부터 주구장창 조물주 하늘 천황님을 찾아다니며 명산대천의 산과 강, 바다로 주유천하 하며 기도 수행하지만, 조물주 천황님을 찾은 자는 아무도 없고 저자가 처음이자 마지막이다.

이제까지 인류가 조물주 천황님을 못 찾은 이유는 조물주 천황님이 허락하지 않았기 때문이다. 천상의 태상천황실 혈통 황태손이라야만 찾을 수 있고, 천황님과 통신 통령도 태건당 방상용 총재인 저자와만 가능하고 그 이외에 사람들은 불가하다.

불로장생과 영생은 인간의 능력으로는 절대로 불가능한 일이지만 천지만생만물 창조의 신이신 조물주 천황님은 충분히 가능하시다. 저자를 외형적 모습 때문에 인간으로만 보기에 이 책의 내용이 말도 안 된다고 황당하다며 비난, 험담하고 조롱거리며 사이비라고 매도하며 믿지 못하는 것이다.

저자의 내면에 인류가 종교와 명산대천을 찾아다니며

그토록 찾고자 혈안이 되었던 독자들과 인류 모두의 영과 육의 부모님이시고, 천지만생만물의 창조주이신 조물주 하늘 천황님이 강림하여 계신다.

불로장생과 영생, 종교 자동 소멸, 세계 정복, 6대국을 이루어 전 세계를 천황님의 나라 하나로 통합하는 것도 조물주 하늘 천황님이 태건당 방상용 총재 육신 안에서 천상지상 공무를 집행하시는 것이다.

중국인들이 수천 년 동안 자미성인 찾으려고 혈안이 되어 있다는데, 바로 조물주 하늘 천황님의 기운을 갖고 있는 태건당 방상용 총재를 말한다. 도통했다고 자미성인이 아니라 천상의 성씨가 "자미"라야 자미성인인데 천상에서 "자미" 성씨는 천손인 저자 1명뿐이다.

14억 2,517만 명의 중국인들아~! 중국 땅에서 자미성인 찾으려는 헛고생하지 말고, 대한민국 땅으로 내린 자미성인을 인정하고 경배하며, 상국으로 받들어 매달 조공을 바쳐야 한다. 장차 중국 대륙과 몽골, 러시아, 인도, 태국, 베트남, 일본, 미국, 캐나다, 브라질, 영국, 프랑스, 사우디 등 전 세계가 천황님의 나라 하나로 통합, 편입, 복속, 귀속된다.

불로장생의 천황님 기운

민족과 인류의 구심점이시고, 빛과 불이시며, 지구인 총사령관이신 천황님의 나라 태상천 천황님의 신하 신인/천인/도인 홍○희 문후 올려드립니다.

위대하시고 대단하시고 무소불위하시고 전지전능하신 천황님! 오늘(2024년 8월 4일) 뜻깊은 영물절 절기를 대감축 올려드립니다!

오늘 천법회에 참석하여, 위대하신 천황님을 알현드리어, 너무나 대영광이었습니다. 위대하신 천황님께서 한 달 전보다도 한층 더 젊어 보이는 모습에 깜짝 놀랐고, 날이 갈수록 젊어지시고 계시구나! 하는 생각이 들었습니다. 만일, 30년 후에도 저 모습으로 계속 계시면, 일반 사람들도 인정하지 않을 수 없겠다는 생각이 들었습니다.

그리고 오늘 천상황실사령부 소속 천상군대에 입대식을 하면서, 제복은 안 입었지만, 절도 있는 천상 군인으로, 위대하신 천황님의 천상군대에 예속된다는 생각에 너무나 뜻깊은 자리였습니다.

또한, 진짜 사나이, 진짜 여나이 노래를 부를 때에는, 진짜 군인이 된 듯한 절도 있는 노래와 가사의 의미를 되새기며, 진짜 군인이 된 듯한 느낌을 받았습니다.

오늘 정말 뜻깊은 천법회에 참석하면서, 위대하신 천황님께서 세계 240여 개 국가 중 이 나라에 계셔 주셔서 너무나 감사한 마음입니다. 부디 지구정복의 역사를 모두 완수하시기만을 간절히 바랍니다.

2024년 7월 7일 천황님 등극식 행사의 뜻깊은 날에 위대하신 천황님께서 등극식 끝나고 당일 소신의 도인합체를 윤허하시어 의식을 행한 후, 만나는 사람마다, 매일같이 선녀같다는 소리를 수도 없이 들었습니다.

일 때문에 만나는 수많은 사람들마다 저를 보고 왜 이리 젊어졌냐, 30대 같다, 하늘에서 내려온 선녀 같다는 말을 정말 매일 매일 만나는 사람마다 들어서, 도인합체를 하고 나니, 사람들이 기운을 알아보나? 신기하다는 생각밖에 안 들었습니다.

19○○년생 ○○세(女)의 나이에 天人(천인). 神人(신인)의 신분에서 이번에 천황님 등극식 날 도인합체 의식을 행하여 도인이 되었는데, 만나는 수많은 사람들에게 이런 찬사를 듣는 것은 불로불사 영생하시는 조물주 하늘이신 천황님께 젊어지게 하는 불로장생 청춘의 기운을 도인합체하면서 받았기 때문이었습니다.

천황님께서 21세의 나이까지 계속 젊어질 거라고 불로장생 청춘의 기운을 명으로 내려주셨습니다. 천황님은 우리 81억 인류의 상상을 초월하시는 대단하신 분이시기에 불가능이 없으시므로 사람들이 오히려 믿지 못합니다.

창조의 신이시자 조물주 하늘께서 태건당 방상용 총재님 육신으로 오시어서 천황님으로 등극하시었기에 총재님 육신에서 무소불위한 신비로운 조물주 하늘 천황님의 기운을 무수히 분출하고 계십니다.

정신세계, 종교세계 대혁명이 일어나고 있으며, 하나

님, 하느님, 상제님, 부처님, 미륵님, 알라신, 천지신명, 여호와, 석가, 예수, 성모 마리아, 마호메트가 수천 년 동안 인류를 속여 왔는데, 이들은 천상의 도망자 악신들이기에 인류를 구원하지 못한다는 진실을 천황님께서 말씀하시었기에 종교는 자동 소멸되는 3년~30년 정도의 시간문제만 남은 것 같습니다.

또 어떤 사람은 본인이 몇십 년 기공부를 하였는데, 소신에게서 나오는 기는 순도 24K급이라 하며, 신인인 것 같다면서, 얘기를 조금 더 진행하다 보니, 도인같다는 말을 하여, 소신을 깜짝 놀랬켰습니다.

자기가 태어나서 이런 강력한 기운을 가진 이를 처음 봤다면서, 본인이 서포트하며 모시고 싶다는 말까지 해서, 소신을 당황스럽게까지 만들었습니다. 일반 사람이 이걸 알아본다고? 그렇다고 소신이 모든 진실을 얘기할 수는 없지만, 속으로는 놀라움을 금치 못했습니다.

일의 특성상, 매일 새로운 사람들을 만나게 되는데, 또 다른 사람들도 그 나이에 어떻게 그렇게 순수함을 지닐 수 있냐, 이 서울 바닥에 닳고 닳은 사람들과는 너무 틀리다, 아우라가 느껴진다, 같이 일하고 싶다 등등 맑고 깨끗한 느낌이라는 말을 계속 듣고 있습니다.

　예전에도 간헐적으로 이런 얘기들을 듣긴 했지만, 도인합체 이후로는 거의 매일 이런 얘기들을 듣고 있습니다. 소신은 이런 얘기들에 일희일비하진 않지만, 일에 도움만 될 수 있다면, 감사한 마음으로, 겸손한 자세로 응대하고 있습니다.

　이 모든 것이 위대하신 천황님께서 맑고 깨끗한 좋은 기운을 내려주셔서인 걸 소신이 너무나 잘 알기에, "모든 건 위대하신 천황님의 덕분입니다. 감사합니다!" 하며 속으로, 천황님께 감사함을 올려드리고 있습니다.

　누가 뭐래도, 하늘의 사명자로서 본분을 다한다는 생각뿐이기에 일반인에게는 말 못할 보안 사항들이 있지만, 하늘의 전사, 위대하신 천황님의 신하, 신인, 천인, 도인의 자부심을 갖고, 항시 당당히 임하고 있습니다.

　주변 사람 중 어떤 사람은 그런 얘기를 하면서 이렇게 자신만만하고 당당한 사람은 처음 봤다, 고민 하나 없는 선녀 같은 모습을 유지하는 게 너무 놀랍다, 연구 대상이다, 이런 얘기들을 하고 있습니다.

더 힘든 윤회과정을 거쳐, 지구에서 15번째로 그 어려운 황위수업 과정을 통과하시고, 천황님으로 등극하신, 위대하신 천황님을 생각하며, 힘을 내고 있습니다.

그저 위대하신 천황님께 감사하고 감사한 마음뿐입니다. 부디, 옥체 강건히 무병 불로장생 천수영생하셔서 지구의 완전한 정복자, 인류의 대황제 천제군주 천황님으로 우뚝 서시기만을 간절히 바랍니다.

앞으로 3년~30년 안에는 천황님이신 태건당 방상용 총재님을 모르는 국민들이 없을 정도로 엄청 유명해져 있을 것입니다. 이 나라를 전 세계 초강대국(6대국)을 만드실 분이시기 때문입니다.

불로불사, 불로장생과 영생의 기운을 갖고 계시는데 3년~30년 안에는 불로장생이 확인 검증되면 대통령에 출마해 당선되시어, 청와대에 들어가셔서 세계를 정복하시고 조공을 거두어들이실 것입니다. 창조의 신이시자 태초의 조물주 하늘께서 2024년 7월 7일 태건당 방상용 총재님 육신으로 오시어 천황님으로 등극하시었기에 알려지지 않았습니다.

인류가 애타도록 염원하던 불로장생과 영생의 기운을 갖고 있으시고, 천국과 지옥, 축생계 윤회의 판결권을 갖고 계시기에 지금 온갖 종교에 다니는 사람들이 이런 진실을 받아들이기 시작하면 세계 인류에게 대혁명이 일어날 것입니다. 무슨 말인지 이해가 안 되는 사람들도 많을 것입니다만 말하고 글을 쓴 대로 모두 현실로 이루어지시기에 누구나 인정할 정도가 될 것입니다.
 -맑고 푸른 서울 하늘 아래에서 천인, 신인, 도인 홍○희 올립니다.-

※ 이 책의 전체 내용 글을 읽는 모든 사람들은 말도 안 된다고 황당하다며 사이비니, 사기꾼이니 하면서 소설이냐고 부정하거나 무시하지 말고, 순수하게 받아들이면서 읽었으면 좋겠다.

 국민 여러분 독자들은 이 책의 저자를 그냥 일반 인간으로 생각할 테지만, 창조의 신이신 조물주 하늘 만생천부 대우주 천황님이 인간 육신을 빌려 함께 집필한 책이기에 일반 사람들 눈높이에는 안 맞을 수 있다.

 대우주를 창조하신 천지조화주이시기 때문에 불가능이 없으시다. 사람들이 빨리 이해하고 받아들이지 못할 것이기에 그래서 최하 3년~30년이란 임상실험 기간을 두는 것이다. 2004년 봄부터 63권의 책을 집필하여 출간하였는데, 책 내용이 모두 일반인들의 상식으로는 이해 불가한 황당한 내용들이 많다.

그 이유는 만생천부 하늘이 저자 육신을 빌려서 책을 집필하셨기 때문이고, 1999년 봄 이후 25년 동안 말하거나 글을 쓴 것은 모두 현실로 이루어졌다. 말하는 대로 글을 쓰는 대로 시간 차이만 있을 뿐 모두 현실로 이루어지고 있다. 그래서 만생천부 대우주 창조주이다.

지금 진행 중인 프로젝트가 불로불사 장생과 영생, 대통령 당선, 세계 정복, 6대국 달성, 전 세계로부터 지구세 조공 징수, GNI 50만불 20년 안에 달성, 이것은 내가 대우주 창조주 만생천부 하늘이기 때문에 시간 차이만 있을 뿐 모두 현실로 이루어진다. 만생천부 하늘이 이 땅에 오심을 국민들 모두가 환영하고 영접해야 한다.

앞으로 인류 대혁명, 종교 대혁명이 일어날 것이고, 인류 모두가 감복하면서 만생천부 하늘 앞에 조아리고 매월 조공을 바치기에 이 나라가 최상위 부자 강대국이 되어 천하세계를 호령하면서 지배 통치하게 된다.

제2부
신비로운 풍운조화

양동이로 퍼붓는 장대비 멈추게 해

25년 전인 1999년 7월의 어느 일요일.

서울 우면산에서 천지신명공사를 행하기로 나흘 전부터 날을 잡아두었는데, 막상 그날이 되니까 장대같이 쏟아지는 강한 빗줄기에 김선관(仙官)이 어찌하실 거냐고 물어왔다.

저자 : "무얼 어찌합니까? 당연히 가야지요."

양동이로 퍼붓듯 억수같이 쏟아지는 장대비 빗줄기를 보면서 근심 어린 표정이었으며 다음으로 미루었으면 하는 눈치가 역력했었다.

저자 : "차선관에게 차 대기시키라고 하세요."

그러고는 강남구 대치동 그랜드 백화점으로 가서 간단한 제물을 준비해 가지고 출발하였다. 강남 제일생명빌딩 뒤 건물이라 20분 거리이니 가까운 곳이었다.

차선관(車仙官=운전기사) 이 기사와 여 제자 김선관(저자보다 11년 연상으로서 20년 동안 모 종단에서 도를 닦았던 여자 선감) 그리고 저자인 나와 3명이 타고 있었다. 저자가 차 뒷좌석에 앉은 채로 풍운조화신명을 불러 천지신명공사를 보았다.

저자 : "내가 우면산에 들어가 1시간 동안 천지신명공사를 봐야 하는데, 풍운조화신장 운사, 우사, 풍사 3위 신명은 즉시 하강하여 명을 받으시오!"

풍운조화 3위 신명 : "예! 명받고자 풍운조화 3위 신명 대령입니다."

저자 : "지금 앞이 안 보일 정도의 양동이로 퍼붓듯이 억수같이 쏟아지는 장대비를 천지신명공사 보는 1시간 동안만 그치게 하시오."

풍운조화 3위 신명 : "예, 즉시 명 받들어 우면산에 도착하시면 그곳만 비가 그치도록 신명공사를 거행하겠습니다."

저자 : "고맙습니다."

알고 있던 주문도 필요 없이 승용차 뒷좌석에서 앉은 채로 그냥 간단하게 명을 내렸다. 아무리 다급한 천지신명공사라도 장대비를 맞으면서 우산 받쳐 들고 천지신명공사를 볼 수는 없었기 때문이다.

승용차는 20분 만에 과천경마장 가는 길목 비닐하우스 화훼단지 사이를 지나 우면산 입구에 당도하였다. 차에서 내려 한 손엔 우산을 다른 손엔 제물 봇짐을 들고 김선관과 둘이서 산을 오르기 시작하였는데, 낮은 산이라 10여 분 올라가니 기도 터 목적지에 도착하였다.

제물 봇짐을 내려놓자 빗줄기가 갑자기 잦아지더니 2분가량 지났을까 강한 빗줄기는 거짓말처럼 뚝 멈추는 것이었다. 준비해 가지고 간 과일을 진설하고 천지신명공사 의식을 치렀다. 50분가량 신명공사를 보았으나 비는 한 방울도 내리지 않았다. 신명공사를 마치고 산길을 내려와 승용차에 올라탔다.

저자 : "차선관, 자~ 출발합시다."

차선관 이 기사에게 말하고 1분가량 지났을까 비포장 도로에서 아스팔트 도로로 접어드는데, 갑자기 '후드득' 하면서 승용차 지붕 위에 장대비 떨어지는 소리가 요란하게 들리는 것이었다. 비가 내리는 것이 아니라 양동이로 쏟아붓듯 퍼부었다.

승용차 안에서 기사와 제자 그리고 저자가 서로 보면서 웃었다. 이렇게 조화를 부리는 것이 신명이란 말인가? 저자는 다시 한번 신의 조화에 놀랐고 하늘께 감사하였다. 만물 속에 정기는 알아주는 자의 편이었다.

이번은 저자 외에도 운전기사와 여 제자가 함께 차 안에 동승해 있는 상태에서 잠시 동안만 오던 비를 멈추게 하는 신명공사를 보았고 그대로 비가 멈추었다. 그것도 정확히 천지신명공사 보는 1시간 동안만 비가 그쳤었다.

동승했던 운전기사와 여 제자도 장대비가 1시간 멈추었던 광경과 공사 끝나고 퍼붓듯 다시 내리는 폭우를 보고 경악하며 탄성을 질렀던 대단한 천지신명공사였다.

지금부터 25년 전인 1999년 7월에 실제 있었던 상황이고, 2005년 7월 16일 발행한 처녀작 "생사령" 책에 실린 내용을 발췌하였다. 천황님으로 등극하기 위한 과정은 25년 전부터 준비되고 있었다. 이 당시에도 태초의 조물주 하늘이 태건당 방상용 총재와 함께하고 있었다.

한반도로 상륙하는 태풍 막아

　20년 전인 2004년 7월 태풍이 2~3개 올라오고 난 뒤였다. 몇 년 전에 경남과 강릉 일대가 태풍 루사와 매미로 쑥대밭이 되어 인명과 재산 피해가 10조 원에 이르는 막대한 피해를 보았고, 충청 지방엔 갑작스러운 폭설로 6천억이라는 천문학적 피해가 발생되어 비닐하우스 농민들이 시름에 빠지기도 했었다.

　이런 엄청난 자연재해를 막을 수 있는 방법은 없을까 고민하다 풍운조화신명들을 불렀고 이내 신들과 대화를 주고받았다.

　저자 : "풍운조화 3위 신명은 즉시 하강하시오."
　풍운조화 3위 신명 : "예! 명받고자 대령하였습니다. 분부 내리십시오."

　저자 : "오늘 한반도로 올라오는 태풍을 소멸시키십시

오."

풍운조화 3위 신명 : "그건 곤란합니다. 저희 풍운조화신장 3위 신명들이 의논하여 대안을 내놓을 테니 잠시 시간을 주시기 바랍니다."

약 2분 정도 시간이 흘러갔다.
풍운조화 3위 신명 : "태풍 자체를 소멸하는 것은 자연의 이치에 맞지 않고 불가능에 가까운 일이오나 육지로 올라오는 태풍의 방향을 바꾸는 것은 가능합니다."

저자 : "아! 그렇군요. 그럼 그렇게 방향이라도 바꾸어 주시면 고맙겠습니다. 올해엔 한반도로 태풍이 올라오지 않게 말씀입니다."

풍운조화 3위 신명 : "예! 그리 명 받들겠습니다. 저희는 그럼 이만 물러가겠습니다."

저자 : "잘 가십시오. 3위 신명이 필요하면 또 부르겠습니다."

이날 이런 천지신명공사가 있은 후 4개 정도의 태풍이

발생하였지만 한반도를 비켜 갔다. 대신 그것이 일본으로 상륙하여 엄청난 피해를 주고 간 것을 TV를 통해 보았다.

한편, 일본으로 상륙한 태풍 때문에 많은 피해를 입은 일본인들에게 알 수 없는 미안한 마음과 죄의식이 밀려오는 것을 막을 수 없었다. 일본인들이 훗날 이 글을 읽으면서 뭐라고 할지 조금은 신경 쓰이기도 하는 대목이다.

저자는 일본이나 중국으로 태풍 방향을 바꾸라고는 하명하지 않았으며 다만 한반도에 태풍 피해가 너무 크니 방향을 바꾸라고 태풍을 주관하는 신들에게 명을 내렸을 뿐이다. 신명들이 알아서 태풍방향 바꾼 것을 두고서 이 책을 읽은 일본인들이 훗날 저자에게 따지려고 할지도 모르겠다. 억울하면 거기서도 신명 불러 공사를 보던지.

신들은 저자가 명을 내리는 대로 행하고 있었으며 다른 것도 모두 해낼 수 있다는 확신을 다시 한번 갖게 되었다. 사람이 신을 믿으려는 마음만 진실하다면 상상할 수 없는 신령스런 천지조화가 현실에서 무궁무진 일어난다.

저자에게 여러 종류의 신비조화가 내려왔고 실제로 체험하였다. 처음에는 신기해서 내가 대단한 도술을 부린다고 생각도 했었다. 이런 모든 신비한 능력이 나의 것이라고 믿었으나 어느 날 산산이 깨져 버렸다.

그것은 내가 아닌 천상에 대단하신 태초의 조물주 하늘이신 천황님께서 저자의 육신에 들어오시어서 내가 한 것처럼 풍운조화를 부려주셨던 것이었다. 이것은 하늘께서 저자에게 자신감과 믿음을 주기 위해서 신령스런 신비조화를 펼쳐주셨던 것이었다. 그런 엄청난 천지조화를 일어나게 함으로써 하늘제자의 길을 계속 가게 만들었다.

"분명 생각도 내가 했고, 마음도 내가 먹었고, 명을 내리는 말도 내가 했는데, 어째서 하늘이 했다고 하는가?"라고 반문할 독자도 있을 것이다. 나의 마음이나 생각이 하늘의 마음이나 생각이고, 하늘의 생각이나 마음이 나의 생각과 마음이라는 것을 알았다. 하늘과 하나가 되어 있기 때문에 천지조화가 눈앞에서 일어났던 것이다.

지금까지 신명공사는 마음먹고 말한 대로 조화가 전부 다 일어났다. 그러면 그동안 생각하며 마음만 먹었었지 저자도 불가능에 가까운 일이라고 생각되어 행하지도 않고 체험하지 않은 것이 있다. 그렇다면 그것이 모두 현실 세계로 이루어질 수 있다는 이야기가 아닌가?

그렇다.

이미 메시지로 알려는 주었는데 대상이 없고, 아직 때가 아니라서 후일로 미루어 놓았던 상상을 초월하는 천지신명공사가 있었다. 현재는 불가능으로 판단되나 천상의 고급 신들을 하강시킬 개벽의 천지신명공사!

인간의 수명연장과 영생, 피부 노화방지 천지신명공사가 앞으로 현실에서 반드시 이루어질 것이다. 벌써 20년 전에 썼던 글인데, 올해 7월 6일 천황님 등극식을 거행하자, 태초의 조물주 하늘께서 70세 모습을 30대 젊은 청춘의 모습으로 변하게 하는 이적과 기적을 보여주시었다.

이것이 앞으로 세상 사람들에게 보여주실 영생의 첫걸음마 같다. 천황님으로 등극한 태건당 방상용 총재 한 명만 젊어지고 영생하는 것이 아니라 태초의 조물주 하늘이신 천황님의 명을 받아 현재 선인, 천인, 신인, 도인의 신인류로 재창조된 이들과 함께 영생을 누리게 될 것인데, 결과는 30년 후에 확인할 수 있다.

30년이 지나서도 모두가 30대 동안의 모습을 하고 있을지 궁금할 것이다. 이미 25년 전부터 하늘이신 천황님은 저자와 함께하고 계심을 알 수 있었다.

150미리 강우 신명공사

24년 전인 2000년 늦은 봄이었다. 풍운조화신장 3위 신명들을 불렀다. 이때는 겨울에 눈도 많이 오지 않았고 봄에도 비가 내리지 않아 농촌에 전국적으로 양수기 보내기 운동이 한창일 때다. 5~6개월 동안 거의 비가 오지 않아서 농부들은 하늘을 원망했으며 모내기 철을 앞두고 야단들이었다. 저자도 농부의 아들로 태어났으니 그 마음을 누구보다도 잘 알고 있었다.

신명들에게 하명했다.
저자 : "풍운조화 3위 신명들은 속히 하강하시오."

풍운조화 3위 신명 : "예, 명받고 대령하였습니다."

저자 : "이 나라 백성들이 비가 오지 않아 하늘을 원망하더이다. 이대로 가다가는 1년 농사를 지을 수 없고 백성들이 굶어 죽게 생겼소이다. 해서 내가 그대 신명들을 불

렀소."

풍운조화 3위 신명 : "예, 분부만 내리십시오. 즉시 거행하겠습니다."

저자 : "3위 신명들에게 비를 내리는 강우신명공사를 하명하니 명대로 즉시 이행토록 하시오. 지금 현재 상태로 보아 전국적으로 150밀리의 비가 와야 가뭄이 해갈될 것 같소. 단 하루에 모두 내리면 물난리가 날 것이니 3일간 나누어 내리도록 하시오."

풍운조화 3위 신명 : "예! 하명 받은 대로 강우 천지신명공사를 거행하겠나이다."

일기예보는 전국적으로 단 하루 5~10밀리 정도 비가 내린다고 예보했었다. 이때 일기예보와 3일간 내린 전국 강우량 기록을 찾아보면 지금도 기상청에 있을 것이다.

한꺼번에 비가 오면 홍수 염려가 있으므로, 신들에게 3일 동안 비를 뿌리게 천지신명공사를 보았던 것이다. 이날부터 3일 동안 전국적으로 세찬 빗줄기가 퍼붓기 시작했다. 많이 온 곳은 180㎜, 적은 곳은 140㎜ 내외였다.

하늘에 감사했고 풍운조화신명들을 불러 수고하였다고 위로해 주었다. 이렇게 내린 비로 6개월 동안 가물었던 전 국토는 해갈되었고 농부들은 한시름 놓았다.

이런 강우 천지신명공사는 아무도 알지 못하는 내용이지만 기상청 관계자가 지난 예보와 강우 기록을 찾아보면 저자가 지금 하는 말이 거짓인지 참인지 알 것이다.

이 말을 진실로 믿으라고 하면 코웃음 칠 독자도 많이 있을 것이다. 독자 여러분의 눈으로 직접 보지 않았기에 믿지 않는 것은 너무나 당연하다. 반대로 독자 여러분이 모두 현장에서 직접 보았다고 하면 어떤 말이 나왔을까?

신통하다고 놀라워하면서도 "우연이겠지"라고 넘어갈 것이다. 그렇다. 신의 세계는 인간 눈에 보이지도 않으며, 누구로부터 인정받기도 어려운 부분이고 잘 믿으려 하지 않는다. 그러나 반드시 신들은 인간 말을 알아듣고 그렇게 행하고 있었다.

사실인즉 저자는 태초의 조물주 하늘이신 천황님께 몸만 빌려 드리고, 나의 소원을 이야기한 것이다. 천황님이 신들을 불러서 내 입을 통해 비를 오게 하는 강우 천지신명공사를 보셨던 것이다.

　이런 것을 두고 신인합체 천지신명공사라고 한다. 이처럼 신이 왔다고 점쟁이가 되는 것은 아니다. 천황님으로 등극한 태건당 방상용 총재와 함께하면 선인, 천인, 신인, 도인으로 재창조되고 천상의 고급신명과 신인합체를 하여도 무당이나 보살, 박수, 법사, 도사가 되지 않는다.

　태초의 조물주 하늘이 태건당 방상용 총재 육신으로 하강 강림하시어 천황님으로 등극하시기까지 인간 육신은 무수한 고난의 세월을 감내하며 아픔과 슬픔, 고통과 배신의 세월을 보냈다.

　25년 동안 질병과 기후, 날씨에 대한 무수한 이적과 기적을 보여주었는데도 못 믿는 것은 인간 육신을 가진 태건당 방상용 총재가 했다고 생각했기 때문에 지어냈다거나 소설이라거나 에이 말도 안 된다고 비아냥거렸던 것이다.

　태초의 조물주 하늘이신 천황님께서 태건당 방상용 총재 출생 때부터 함께하시었기에 상상을 초월하는 천지신명공사가 수시로 현실에서 이루어졌다. 즉, 그러니까 출생 때부터 하늘이신 천황님으로 이 땅에 온 것이었다.

제3부
하늘의 부모 만생천부

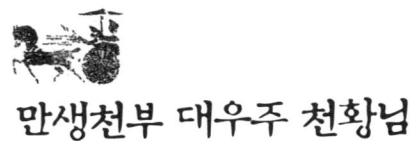
만생천부 대우주 천황님

　대우주와 지구, 인간, 영혼, 신명, 조상, 산천초목의 만생만물을 창조한 태초의 조물주 하늘이 만생천부 대우주 천황님이신데, 하늘의 부모를 어디 가야 찾는지 몰라서 종교에 들어가 수천 년 동안 헤매고 있다.

　만생천부 대우주 천황님이 가장 싫어하시고 증오하시는 것이 종교이다. 역천자 이스라엘의 하나님, 하느님을 하늘로 받들어 섬기지만 이들은 천상에서 도망친 죄인들이고 악신, 악마, 악령, 악귀에 불과하므로 인류 구원이란 것은 애초부터 절대 불가하였다.

　그리고 전 세계 종교에서 숭배받고 하늘을 사칭하고 있는 여호와 하나님, 여호와 하느님, 예수, 마리아, 석가, 마호메트, 공자, 노자, 알라신, 시바신, 라마신, 천지신명, 전 세계 대산소산 산신령들, 토속신들, 바다와 강, 호수의 용왕들, 터신들, 성주신들도 모두 압송되어 불지옥 적화도에서 불고문 형벌을 받고 있기에 인류를 구원할 수도 없고, 구원 능력조차도 없다.

자칭 신이라고 하는 자들은 모두가 천상에서 역모 반란에 실패하여 지구로 도망친 하늘의 부모이신 만생천부 대우주 천황님의 황실가족이었던 역모 반란 배신자들인 역천자 자미 악, 유영, 하누, 표경과 그의 수하들이 인간 육신으로 들어가서 숭배자 신으로 대우받으며 종교를 부흥 번창시켜 나갔던 것이다.

그러면 대우받은 만큼 구원도 해주어야 하는데, 이제까지 구원받은 자들은 한 명도 없다. 이들은 천국, 천당, 극락, 선경의 주인인 만생천부 대우주 천황님이 아니기 때문에 인류를 구원할 수가 없다.

인류의 구원은 창조한 당사자인 하늘의 부모이신 만생천부 대우주 천황님만이 할 수 있는 고유영역이다. 첨단 문명인 컴퓨터, 휴대폰, 텔레비전, 자동차, 비행기, 선박, 우주선 등등은 제품을 제조한 업체에서만 수리하여 고칠 수 있는 것처럼 생각하면 된다.

어떤 제품에 대한 지식은 제조자가 아니면 제품의 원리

를 모르기 때문에 오히려 더 고장 내서 못쓰게 만들어 버리는데, 이것이 지금의 각 종파 모든 종교 숭배자들과 모든 종교 지도자들의 잘못된 행위이다.

81억 인류와 영혼들과 신명들, 이미 죽은 사령들인 조상령들의 구원은 애초부터 이들을 창조한 태초의 조물주 하늘인 만생천부 대우주 천황님의 고유영역이자 고유권한이기에 다른 자들은 구원할 수 없다.

그러니까 수천 년의 역사와 전통을 자랑하지만 종교 숭배자들과 종교지도자들이 몽땅 거짓된 가짜 역사였고, 이제까지 구원을 아무도 받지 못했다. 지금까지 숭배받고 있는 모든 자들은 진짜 하늘 만생천부 대우주 천황님이 아니기 때문에 구원할 수도 없다.

숭배자들을 검증할 능력자가 없기에 수천 년 동안 속을 수밖에 없었다. 기막힌 진실이다. 진짜 참 하늘의 부모를 찾지 못했기 때문에 수많은 가짜들이 생겨났다. 진짜 하늘 유일신은 만생천부 대우주 천황님 한 분이신데 왜 신들이 그리도 많은지 기가 막힌다.

만생천부 대우주 천황님을 이름만 다르게 만들어 숭배

하며 부르는 것도 아니고, 천상황실에서 역모 반란 실패로 도망친 만생천부 대우주 천황님의 복제 쌍둥이 자미 악과 처 유영, 장남 자미황제 후궁인 하누와 서손인 표경과 수하들이 지구에 종교를 세워서 자신들이 하늘을 사칭하여 숭배받았던 것이다.

천상의 역모 반란 도망자들이 세운 대표적인 종교가 기독교, 천주교, 이슬람교, 불교, 원불교, 도교, 무속, 기타 종교 등등 어마어마하게 많다. 가짜라도 믿어서 소원을 이루고 영혼의 고향 천상으로 돌아갈 수만 있다면 얼마나 좋을까.

그러나 하늘의 부모님이신 만생천부 대우주 천황님은 배신자, 역천자들인 자미 악과 유영, 하누와 표경 그리고 이들의 수하들이 세운 종교를 믿은 자들을 만생천부 대우주 천황님이 받아주실 리 만무하다.

어림도 없는 일이고 상상조차도 못할 일이다. 역천자들이 세운 종교를 믿은 자들은 알고 믿었던, 모르고 믿었던 역천자 악들의 자식들이 되었으므로 천상에서 받아주실 필요도 없기에 구원이 불가하고, 종교 믿은 죄로 인하여 불지옥 적화도로 몽땅 압송된다.

이 세상의 종교 믿다가 죽은 자들은 모두가 불지옥 적화도로 압송되었고, 아직 살아 있는 자들의 생령(영혼)들도 종교에 빠진 자들은 미리 추포하여 불지옥 적화도로 압송된 자들이 상당히 많기에 영혼 없이, 조상 없이 살아가는 사람들이 엄청 많다.

천상의 배신자, 도망자, 역천자들인 악신, 악마, 악령, 악귀들이 세운 것이 지구상에 모든 종교들인데, 이들을 믿어서 천상으로 돌아가고 싶어도 돌아갈 수 없는 이유는 천상의 절대자, 대우주의 주인이 만생천부 우주 천황님이시기 때문에 종교에서 역천자들을 숭배한 인간과 조상들은 천상으로 돌아갈 수 없다.

대우주의 수많은 별들과 외계 행성인들을 창조한 것도 만생천부 대우주 천황님이시고, 해와 달, 별, 바람, 구름, 비, 공기, 더위, 추위, 태풍, 토네이도, 폭우, 홍수, 폭설, 화산 폭발, 쓰나미, 지진, 탄생과 죽음, 천국과 지옥, 불로장생과 영생, 단명, 인간, 조상, 신명들을 창조한 것도 만생천부 대우주 천황님이시다.

지구를 창조하신 것도 하늘의 부모님이신 만생천부 대우주 천황님이시고, 인간을 창조하신 것도 만생천부 대우주 천황님이시고, 바다와 강, 호수, 곡식들인 쌀, 보리, 밀, 콩, 팥, 참깨, 들깨, 옥수수, 감자, 고구마, 땅콩, 과일, 채소, 가축, 어류, 조류, 산천초목을 창조하신 것도 만생천부 대우주 천황님이시다.

원래는 기독교에서 말하는 여호와 하나님은 이스라엘 민족의 조상신이지 세계의 하나님, 대우주의 하나님, 만생만물의 창조주, 대우주 창조주, 전지전능자, 절대자, 우리 인류 모두의 영혼과 육신을 창조한 하늘의 부모 만생천부 대우주 천황님이 아니다.

여호와(야훼)는 창조의 신이자 태초의 조물주 하늘이신 만생천부 대우주 천황님을 사칭한 것이다. 여호와, 예수, 성모 마리아가 태어난 하나님의 나라에서 왜 전쟁이 수시로 터지는가? 하늘의 부모님이신 만생천부 대우주 천황님을 사칭하여 가슴 아프게 만든 응분의 대가를 치르는 것이다.

이스라엘 민족 전쟁 신이던 여호와(야훼)를 천지창조주로 둔갑시켜 하늘을 참칭하였는데, 만생천부 대우주 천황님이 그냥 바라만 보고 있을 리 만무하다. 기독교, 천주교는 기운을 끊었기에 망했고, 자연적으로 소멸된다.

만생천부 하늘을 사칭

　여호와, 예수, 성모 마리아, 석가, 마호메트도 하늘의 부모님이 아니다. 기독교, 천주교, 이슬람교, 불교에서 숭배하는 여호와, 예수, 성모 마리아, 마호메트, 석가는 천상에서 죄를 짓고 도망친 악들이 들어가서 숭배받고 있는 것을 인간들은 알 수가 없다.

　그러니까 인류 모두가 수천수만 년 동안 종교 숭배자들과 지도자들에게 몽땅 속고 있는 것이지만, 진실을 알려 주어도 이미 세뇌가 너무 깊게 되어 있기에 받아들이려 하지 않는다. 조상대대로 믿어 왔고 뼛속까지 종교 사상이 투입되어 있기 때문에 종교를 떠나는 것이 쉽지가 않을 것이고 갈등이 많을 것이다.

　종교를 떠나면 벌을 받을까 봐, 죽어서 지옥에 떨어질까 봐 무서워서 못 떠난다는 것이 모든 종파의 교인들 사정이다. 하지만 만생천부 대우주 천황님이 강림하시어 창시하신 천황님의 나라에 들어오면 천황님의 명을 받은 천룡들과 신명들이 실시간 보호해 주기에 악들도 해코지를 하지 못하니 안심해도 된다.

그리고 종교에서 받은 물품과 십자가 액세서리, 절 만자 액세서리, 종교 의복, 종교 서적, 종교적 용품 전체, 성경, 불경, 도경의 경전, 성화, 사진, 불화, 불상, 형상, 탱화, 족자, 목탁, 염주, 묵주는 악들의 기운이 들어가 있기에 모두 소각하는 것이 가장 좋다.

종교적인 물품을 갖고 있으면 악들의 기운이 항상 가득 따라다니기에 천상으로 돌아갈 수 있는 길이 꽉 막힌다. 인간 육신이 악들의 기운으로 충만하면 하늘의 부모님이신 만생천부 대우주 천황님께 선택받지 못하도록 결사적으로 방해한다.

천상의 배신자, 도망자, 역천자들인 악들이 세운 종교를 믿는 자체만으로도 여러분을 창조한 하늘의 부모님이신 만생천부 우주 천황님의 분노를 사고도 남기 때문에 영혼의 고향인 천상으로 돌아가지 못한다.

천상의 배신자, 도망자, 역천자들인 자미 악과 유영,

하누와 표경 그리고 이들의 수하들이 세운 종교를 믿은 자들은 진짜 창조의 신이시자 태초의 조물주 하늘이신 만생천부 대우주 천황님의 가슴에 또다시 비수를 꽂은 것이기에 종교를 떠나 천황님의 나라에 들어와서 종교 믿은 죄를 용서 빌어야 구원 받는다.

악들이 세운 종교에 다닌 것이 하늘이신 만생천부 대우주 천황님과 원수를 맺는 일이 되니 얼마나 무서운 일인가? 종교 믿는 것이 여러분을 창조하신 태초의 조물주 하늘이시자 만생천부 우주 천황님을 배신하는 역천자 행위이기에 종교를 떠나서 천황님 전에 빌지 않는 이상 현생과 내생은 보장받을 수 없다.

이스라엘 조상인 여호와, 예수, 마리아와 인도 조상인 석가, 사우디 조상인 마호메트, 중국 조상인 공자, 노자를 섬기고 하나님, 하느님, 알라신, 시바신, 라마신, 부처님, 상제님, 천지신명님을 섬기는 사람들은 천황님의 나라에 들어오지 않으면 구원받지 못한다.

나는 대우주와 지구, 인류, 산천초목을 창조한 하늘의 부모 만생천부 대우주 천황님이고, 이제까지 나의 진실을 몰라서 종교에 다닌 사람들은 종교를 탈출할 기회를 줄 테니까 즉시 떠나면 된다.

악들로부터 해코지는 실시간 지켜 줄 것이다. 종교를 믿으면 사후세상을 보장받지 못하기에 교회를 다니는 권력자, 재벌가, 지식인층 유명한 사람들이 아주 자랑스럽게 하나님 아버지, 예수님, 성모님, 상제님, 부처님 어쩌고저쩌고 말하는데, 그 하나님 아버지, 예수와 성모, 상제와 부처가 자미 악, 유영, 하누, 표경과 이들의 수하들인 악들인데 이걸 어쩌나?

이 세상에서 하나님, 하느님, 예수님, 성모님, 상제님, 부처님을 악마들이라고 생각할 사람들은 없었기에 종교가 수천 년 동안 지구 전체를 종교 천국으로 만들만큼 완전 범죄를 저지를 수 있었던 것이다.

천상의 황태손이자 황태자인 태건당 방상용 총재가 이 세상에 태어나지 않았더라면 천상의 역모 반란 배신자, 도망자, 역천자들인 자미 악, 유영, 하누, 표경과 이들의 수하들이 종교를 세운 악신, 악마, 악령, 악귀들이란 사실이 영원히 감추어졌을 것이다.

만생천부의 황실가족이 역모

　대우주의 주인이자 하늘의 부모님이신 만생천부 대우주 천황님의 가족들이지만 배신하고 역모를 일으킨 배신자, 도망자, 역천자들이기 때문에 이들이 세운 종교를 통해서는 천상으로 올라가지 못한다.

　구원받아 천상으로 오르는 길은 태건당 방상용 총재가 소속되어 있는 천황님의 나라에 들어와야만 만생천부 대우주 천황님의 명을 받아 영혼의 고향인 이상향의 유토피아 무릉도원 천상으로 돌아갈 수 있다.

　현재 부자와 재벌로 살아가는 사람들은 이번 생에 하늘의 부모님이신 만생천부 대우주 천황님인 태건당 방상용 총재를 통해 천상입천의 명을 받들고 죽으면 수천 년 동안 끔찍하고 무섭게 고문 형벌이 집행되는 지옥세계로 떨어지지 않고, 4대 천국으로 오른다.

이상향의 유토피아 무릉도원 세상으로 알려진 태상천(천국), 자미천(천당), 도솔천(극락), 옥경천(선경)으로 올라가서 영생을 누리며, 현재의 국내 재계 순위와 부자 순위 서열보다 더 많은 돈을 벌게 해주어 살아생전에 못 이룬 세계 최고의 재벌과 부자에 걸 맞는 돈과 재물을 벌어들이게 해준다.

살아서는 부자가 아니지만 그럭저럭 살았거나 가난하게 살았던 사람들도 만생천부 대우주 천황님의 아픈 마음을 위로해 드리고 하늘이 내리시는 명을 받아 천상으로 오르면 이 세상에 재벌들처럼 많은 돈을 벌 수 있게 기운을 내려준다.

한국 사람들처럼 일에 미쳐서 열심히 일하는 사람들은 천상에 오르기만 하면 하늘의 부모님이신 만생천부 대우주 천황님이 재물의 기운을 무궁무진 내려주시기에 모두를 거대한 재벌로 만들어 주신다.

만생천부 대우주 천황님의 마음만 얻으면 못 이룰 일이 없고, 돈과 재물, 권력과 명예는 무한대로 누릴 수 있다. 이렇게 엄청난 좋은 세상이 기다리고 있는데, 종교를 오래 믿어 후천세상을 몰라보고 있다.

천황님의 나라를 세우는 만생천부 대우주 천황님의 존재를 모르고 종교에서 벗어나지 못하고 살아간다면 죽고 나서 종교 믿은 것에 대해 억울해서 땅을 치고 대성통곡하며 종교지도자들을 얼마나 원망할까?

아직은 육신이 살아 있으니 이제라도 일평생 믿은 종교를 떠나 천황님의 나라에 들어오면 4대 천국으로 올라가 죽음 이후 지구에서 못 이룬 목표를 이루며, 부자와 재벌로 영생을 누리며 살 수 있으니, 너도나도 어서 빨리 종교를 떠나야 한다.

그리고 지구에서 인류 최초로 불로장생을 누릴 수 있는 길이 열렸고, 만생천부 대우주 천황님인 인류의 대황제 인존태황 태건당 방상용 총재에게 진심으로 충성을 바치는 독자들은 무릉도원 세상이 열린다.

이 세상의 모든 종교는 어차피 소멸되어 흔적 없이 사라질 것이기에 이왕이면 남들보다 먼저 종교를 떠나 천황님의 나라에 들어오는 것이 상책일 것이다.

지구상의 전 세계 모든 종교는 천상에서 만생천부 대우주 천황님을 시해하려던 1차 역모 반란 주동자 만생천부 대우주 천황님의 복제 쌍둥이 동생 자미 악과 처 유영이 하늘에 대적하고 자기 세상을 만들려고, 지구에 종교를 세우고 악이란 단어를 퍼뜨렸다.

이 나라에서 사용하고 있는 악이란 단어 원조가 천상의 배신자 반란군 복제 쌍둥이 동생 자미 악에서부터 내려온 것인데, 인류 모두가 자미 악이 세운 종교에 빠져서 허우적거리며 헤어 나오지 못하고 있다.

2차 역모 반란 주동자들은 하늘의 부모님이신 만생천부 대우주 천황님의 장남인 자미천 자미황제의 후궁 하누와 아들 표경이 반란 실패로 추종자들과 지구로 도망쳐 하늘에 대적하려고 세운 것이 종교이다.

하늘이 종교를 가장 싫어하는 이유에 이런 아픈 진실이 숨어 있는데, 인류는 이런 진실을 모르고 악들이 세운 종교 사상과 교리에 빠져서 헤어 나오지 못하고 있으니 이 일을 어찌해야 좋을까?

너무 오랫동안 천상의 반란자 악들이 전파한 종교 사상과 교리에 세뇌되어서 이런 진실을 말해주어도 믿고 따라올지 모르겠다.

만생천부의 후천세상

　이 글을 읽고 공감하고 감동하면 주위 사람들에게 알리고 추천해서 많은 사람들이 억울함을 당하지 않게 책을 읽고 육신 살아 있을 때, 하늘 부모 만생천부 대우주 천황님을 빨리 알현드리게 해서 종교를 탈출하여 우선 태건당에 입당하고 천황님의 나라로 들어와 살아서나 죽어서나 구원받도록 도와주어야 한다.

　이렇게 하늘 부모 만생천부 대우주 천황님이 세우는 살기 좋은 즐거움과 행복이 가득 넘치는 향락의 후천세상이 열리고 있는데, 이 글을 읽지 못하는 사람들은 죽은 뒤 억울해서 원과 한을 어떻게 풀 수 있을까?

　1명당 주변에 부모형제 일가친척, 친구 지인, 애인, 지인들에게 10명에서 100명 이상 만생천부 책을 읽어보게 추천해서 태건당 당원으로 입당하여 제1당 집권당이 되도록 여러분 국민들이 동참해 주어야 한다.

이 나라 국민들과 종교 다니는 모든 교인들이 애타게 기다리고 찾던 만생천부 대우주 천황님이 천상의 황실 핏줄인 인류의 대황제 인존태황 태건당 방상용 총재 육신으로 내려오시어 한 몸이 되시었으니, 전 국민들 모두가 쌍수를 들어 환영하고 영접해야 한다.

이 세상에서는 고아로 살아가지만, 이곳에 들어오면 살았던 죽었던 낳아 준 부모를 영적으로 찾을 수 있고, 천상에 오르면 지구에 쫓겨 내려오기 전에 자신의 원래 천상 부모를 찾아 만날 수 있다.

그리고 시각, 청각, 언어, 투석, 신체적 여러 장애로 살아가는 사람들이 많은데, 현재 정부에서 주는 복지혜택을 태건당 방상용 총재가 차기 대통령에 당선되면 현재보다 배 이상으로 복지 특혜를 줄 것이다. 이들도 천상으로 오르면 모든 장애에서 벗어나 정상인으로 건강하게 부자와 재벌, 고위공직자로 살아갈 수 있는 길을 천황님의 나라에서 열어주고 있다.

만생천부 대우주 천황님의 나라는 종교가 아닌 하늘 그 자체이고, 지구에 세워진 모든 종교가 천상의 도망자 악들이 세운 가짜이기에 종교를 소멸시키러 내려온 것이다. 태건당 방상용 총재를 사이비라고 운운하며 비난하는 것은 이치에도 맞지 않고 앞뒤 말이 안 맞는 말이며, 오히려 하늘에 죄를 짓는 지름길이다.

　대통령, 국무총리, 부총리, 장관, 차관, 차관보, 1급~9급까지, 시·도지사 및 의원, 시·군·구청장 및 의원, 국회의원, 교육감, 교수, 학장, 총장, 판사, 검사, 변호사, 방송 언론인, 기자, 장군급, 영관급, 위관급, 부사관급, 유명인들과 일반인들도 천황님의 나라에 들어와서 만생천부 대우주 천황님께 천상입천의 명을 받고 죽으면 지금까지 이루지 못한 꿈을 이룰 수 있게 천지인의 기운을 내려주신다.

　하늘 부모 만생천부 대우주 천황님은 불가능이 없으신 분이시기에 천상과 지상에서 현재까지 못 이루신 일이 없으시다. 무소불위한 기운으로 모든 것을 이루시었기에 대우주와 만생만물도 창조하신 것이다.

　하늘의 부모님이신 만생천부 대우주 천황님은 대우주의 주인, 지구의 주인, 인류의 주인, 권력의 주인, 돈의 주인, 명예의 주인, 건강의 주인, 불로불사의 주인, 영생의 주인, 만생의 주인, 만물의 주인이시기에 만생천부 대우주 천황님의 기운을 받는 국민들은 남들보다 원하고 바라는 높은 자리에 빨리 오를 수 있다.

공직자들 중에서 진급이 늦어지는 사람들도 하늘의 부모님이신 만생천부 대우주 천황님의 기운을 받으면 승승장구하여 진급이 빨라진다. 대통령 선거, 시·도지사 및 의원, 시·군·구청장 및 의원, 국회의원, 교육감 선거에 나가면 떨어지는 단골 낙마 후보들도 대우주 기운을 받으면 당선하는 승리의 기쁨을 맛본다.

하늘의 부모님이신 만생천부 대우주 천황님은 천상과 지상에서 대우주총사령관, 지구총사령관이시기에 성격 자체가 군대 체질이시다. 그래서 진급을 해야 하는 군인들은 무조건 만생천부 대우주 천황님이 내려주시는 기운을 받으면 승승장구하며 진급한다.

하늘의 부모님이신 만생천부 대우주 천황님의 기운을 받으면 부사관급 진급, 위관급 진급, 영관급 진급, 장군급 진급에 다른 동기생들보다 엄청나게 유리하다. 또한 계급 정년에 걸리지 않도록 적기에 승진된다.

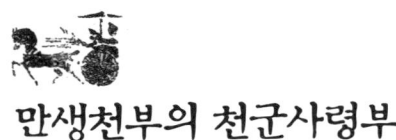
만생천부의 천군사령부

천상황실 신명정부와 천상황실 천군사령부가 군대식으로 상명하복의 지휘 통솔체제로 운영되고 있다. 앞으로는 현역이든 예비역이든 군인 출신들이 대우받는 세상이 다시 오니까 군인 출신들은 빠지지 말고 천황님의 나라에 남들보다 먼저 들어와서 만생천부 대우주 천황님께 눈도장도 자주 찍어야 한다.

천황님의 나라와 태건당은 군대 지휘 계통처럼 계급이 부여되어 운영되기에 남녀 모두 군 출신들과 입법부, 사법부, 행정부 공무원들을 특별 대우하며, 살아서는 물론 죽어서 천상에 올라가서도 전·현직 계급장을 그대로 유지 또는 승진시켜 준다.

살아서 왕(8성 장군), 대통령(7성 장군), 총리급(6성 장군), 국회의장, 대법원장, 헌법재판소장, 선관위원장, 부총리급(5성 장군) 검찰총장, 감사원장, 국회부의장,

장관(대장), 차관(중장 고참), 차관보(중장), 1급 관리관(소장), 2급 이사관(준장), 3급 부이사관(중령, 대령), 4급 서기관(소령), 5급 사무관(대위), 6급 주사(중위), 7급 주사보(준위, 소위), 8급 서기(중사, 상사), 9급 서기보(하사)를 지낸 사람들이 천황님의 나라에 들어오면 천상과 지상에서 전·현직 관직과 계급을 그대로 유지 또는 승진시킨다.

하지만 천상의 도망자이자 역모 반란 배신자들인 자미악, 처 유영, 하누와 표경이 세운 종교 사상에 빠져서 만생천부 천황님의 나라를 오히려 사이비라고 비난하면서 인정하지 않는 사람들은 답이 없다.

이 세상에 태어나서 자신들이 일평생 쌓은 돈과 재물, 명예, 모든 관직과 계급의 경력을 살아서든 천상에 올라가서든 대우해 주고 인정해 주는 곳은 천황님의 나라 한 곳뿐이기에 무조건 들어와야 한다.

천황님의 나라는 하늘의 부모님이신 만생천부 대우주 천황님이자 인류 대황제 인존태황 태건당 방상용 총재가 인류 최초로 세계 정복자 국가를 세우고, 세계 정부를 수립해서 국정을 이끌어가야 하기 때문에 나이에 상관없이 수많은 정치인들과 전·현직 공무원들, 군출신 경력자들이 대거 필요하다.

인사법도 남녀 모두 나이에 상관없이 목례가 아닌 거수경례로 차렷 자세에서 군기가 가득 들어간 힘찬 목소리로 "충성~!"하면서 군례를 올린다. 또한 특별 행사 때는 남자들은 진짜 사나이, 여자들은 진짜 여나이와 그 외 여러 가지 천군가 노래를 부른다.

그리고 행정부 공무원들과 판사, 검사, 사법부와 검찰청 공직자들도 천황님의 나라에 들어와서 하늘 부모 만생천부 대우주 천황님께서 내려주시는 대우주의 기운을 받으면 동료들보다 진급이 빨리 진행된다.

천황님은 기운으로 진급심사권을 갖고 있는 상급자들의 마음을 자유자재로 돌릴 수 있기에 이쁘게 보여 진급에 하자만 없다면 특진도 할 수 있게 하늘의 부모님이신 만생천부 대우주 천황님이 기운을 내려주신다.

혹여 죽더라도 4대 천국에 올라가서 생전에 이루지 못한 꿈을 반드시 먼저 이루도록 강력한 천지인 기운을 내려주시어 꿈을 이루도록 해주시니, 이것을 천만사 상통이라고 하는 것이다.

내가 하는 말이나 글이 거짓말처럼 현실로 이루어지는 이유는 내가 태초의 조물주 하늘 부모이자 만생천부 대우주 천황님으로 천지인의 기운을 운영하기 때문에 현실 세상과 사후세상, 천상세계에서 그대로 현실로 이루어지게 하는 무소불위한 천지대능력을 갖고 있다. 인간들, 영혼들, 신명들, 축생들을 비롯하여 대우주와 만생만물을 창조한 절대자 하늘의 부모님이다.

태건당 방상용 총재를 단순한 인간으로 생각하기 때문에 수십 년의 세월 동안 엄청난 이적과 기적을 보여주었어도 인정하지 못하고 오히려 비아냥 거리는 것이다. 만생만물 창조주이자 태초의 조물주 하늘 만생천부 대우주 천황님인 내가 태건당 방상용 총재 육신으로 강림 강세하였다는 것을 인정 못하고 있다.

하늘의 모습이 사람들의 눈으로 안 보이기 때문에 인정이 안 되는 것인데, 종교 사상과 교리에 빠져 있는 사람들은 꿈만 같은 무릉도원의 좋은 세상에서 못 살아보고 죽을 수밖에 없으니 후회가 막심할 것이다.

만생천부 하늘을 못 찾은 이유?

이제까지 지구에서 꿈을 이루지 못한 사람들도 만생천부 대우주 천황님의 대우주 기운을 받고 살아가면 꿈을 이루고 살아갈 수 있고, 사후세상을 천상으로 올라 영생을 누리며, 4대 천국이 보장되는 특혜를 누리게 되니 이보다 더 좋은 세상이 어디 있을까?

지구 행성에 인류가 태어나고 수십억 년 동안 하늘을 찾으려고 무진 노력을 하였지만 종교지도자들과 인류가 못 찾은 이유는 황실 핏줄이 아니기 때문인데, 이제까지 지구 행성에 황실 가족들이 태어난 경우는 한 번도 없었고, 인류 대황제 인존태황 태건당 방상용 총재가 처음이자 마지막이다.

중국인들이 자미성인을 찾으려고 혈안이 되어 있는 이유는 이 시대에 분명히 자미성인이 출현한다는 예언이 되어 있기 때문이다. 중국인들은 자기네 나라 땅에서 출세해야만 인정하는데, 한국에서 자미성인이 출현한 것을 인정 못하겠다고 한다.

  자미성인이란 단어 자체의 "자미"는 천상 황실에서만 쓸 수 있는 성씨인데, 하늘의 부모님이신 만생천부 대우주 천황님과 장남 자미황제, 차남 도솔황제, 3남 옥경황제와 두 딸과 황태손(황태자)만이 "자미" 성씨를 사용할 수 있기에 도를 닦아 득도를 하였거나, 신안과 영안이 열렸어도 자미성인이 될 수가 없다.

  지구 행성에서는 만생천부 천황님으로 등극한 인류 대황제 인존태황 태건당 방상용 총재 황태손(황태자) "자미 ○"만이 자미성인이 될 수 있다. 즉 자미성인은 천자이거나 하늘이라는 뜻이기에 중국인들이 자미성인을 찾으려고 난리법석을 떨고 있는 것이다.

  중국의 예언가들과 동서양 세기적인 예언가들을 비롯하여 국내 예언가들도 이구동성으로 말하는 것은 동방 땅에서 인류의 영도자, 구원자, 구세주, 메시아, 재림예수, 미륵불, 정도령, 동방진인, 신인, 공포의 앙골모아 대왕, 대두목, 자미성인이 나타난다고 수십·수백·수천 년 전부터 예언과 비기로 전해 내려온다.

만생천부 조물주 하늘이 전 세계 수많은 예언가들에게 동방 땅에서 인류를 구할 큰 인물이 나온다고 미리 메시지를 내려주시었기에 동일한 내용들로 예언이 되었던 것인데, 태건당 방상용 총재가 그 주인공이다.

　예언의 주인공 인물이 누구냐고 찾아다니고 있으나 아무도 못 찾았고, 수많은 종교 교주들이 논리를 펼쳐가며 하나같이 자신들이 예언의 주인공이라고 주장하지만 객관적으로 뒷받침할 만한 근거가 부족하다.

　인류가 기다리는 인물은 단순한 종교 교주가 아니고, 천자이거나 하늘 자체가 인간 육신으로 강림 강세하는 것을 원하고 바란다. 어떤 영안과 신안이 열렸다고, 어떤 도력이나 신통한 재주가 있다고 천자나 하늘이라고 주장할 수 없다.

　하늘과 땅을 움직이는 무한 대능력이 있어야 하고 대우주 행성들과 지구, 천재지변과 풍운조화를 말 한마디에 좌지우지하는 천통력, 신통력을 갖고 있어야 하고, 인간, 영혼, 조상, 신명들을 구원해 줄 수 있는 영혼과 육신의 태초 부모로서 천지대능력자라야 한다.

이제까지 인류가 하늘을 못 찾은 것은 황실 핏줄이 아니기 때문에 못 찾은 것이다. 일반 종교 지도자나 신통력이 있는 신인, 이인, 기인들이라도 감히 하늘의 모습을 보거나 하늘의 음성을 들을 수 없다.

하늘이 허락하지 않는 이상 불가능한 일인데, 천상황실 핏줄인 황태손(황태자) 자미 ○ 태건당 방상용 총재만 하늘의 모습을 볼 수 있고, 하늘의 음성을 들을 수 있기에 인류가 수십억 년 역사를 갖고 있어도 창조주, 조물주 하늘 만생천부 천황님을 못 찾은 것이다.

그래서 이 나라는 초대박이 난 것이다. 이제 태건당 방상용 총재 육신으로 오신 만생천부 대우주 천황님을 인정하여 한마음으로 동참하는 일만 남았다. 방상용 총재를 만생천부 대우주 천황님으로 인정하느냐 안 하느냐에 따라서 이 나라의 국운이 요동칠 것이다.

인정하는 시기가 **빠르면 빠를수록** 국가가 안정되고 국운이 파죽지세로 상승가도를 달리며 국민 1인당 총소득(GNI) 50만 불 시대를 20년 안에 달성할 수 있으니 대한민국의 대개벽이고 인류의 대혁명이다.

만생천부의 화신, 분신, 현신

태건당 방상용 총재는 만생천부 대우주 천황님 하늘 자체이기 때문에 천만사에 불가능이 없다. 그래서 세계를 정복하여 천황님의 나라 하나로 통일하면 전 세계 국가들이 감복해서 거대한 조공을 자진 납부하기에 가장 잘 사는 천손민족으로 급부상한다.

종교에 열심히 다니는 사람들은 지옥세계 입문 예행연습을 하고 있다. 하늘을 배신한 악의 씨들인 악신, 악마, 악령, 악귀들이 세운 종교를 믿었으니, 당연히 천상으로 올라가는 문은 자동으로 막힐 수밖에 없다.

지금은 나의 글이 말도 안 된다고 부정하고 무시하겠지만 30년 안에 100세가 되었을 때, 불로장생을 현실로 보여주면 하늘의 화신, 분신, 현신인 태건당 방상용 총재가 만생천부 대우주 천황님이란 걸 인정할 것이다. 그래서 세월을 기다리는 시간만 남았다. 죽어서 후회하지 말고 육신 살아 있을 때 천황님의 나라에 들어와서 구원 절차를 밟아야 한다.

신생 정당인 태건당 방상용 총재가 30년 안에 이 나라의 대통령이 될 거라고 말하니까 믿으려고 하지 않는다. 30년 안에는 무조건 대통령이 된다. 이것은 태초의 조물주이시자 창조주 하늘이신 만생천부 대우주 천황님의 천상 프로젝트이기에 100% 대통령이 된다.

하늘의 천상 프로젝트는 한 치의 오차도 용납하시지 않으신다. 이 나라 대통령이 되는 자체가 세계 대통령인데, 세계 정복 프로젝트가 이미 시작되었다. 현재 시점에서는 도저히 받아들이지 못할 사람들이 전부라고 해도 과언이 아닐 것이다.

하늘은 원래부터 불가능이 없으시기에 약간의 시간만 필요할 뿐이다. 계획은 무조건 100% 이루어진다. 인류의 영원한 숙제인 불로장생과 영생도 30년 안에 현실로 이루어진다.

훨씬 앞당겨질 수도 있다. 그래서 태건당 방상용 총재가 불로장생과 영생을 실현하여 이 나라 국민들로부터 압도적인 지지를 받아 대통령에 당선된다.

　그리고 이 나라에서는 대통령 선거는 영원히 사라진다. 만생천부 대우주 천황님이신 하늘이 직접 통치하시는 천상정치를 하시기에 국민들의 불만이 없고, 국회의원은 100% 태건당 소속 후보들이 당선된다.

　국회의원뿐만이 아니라 시도지사 및 의원, 시군구청장 및 의원, 교육감 선거에서 태건당에서 공천 받은 후보들이 선거에서 99%가 당선된다.

　이때부터 천제군주제로 개헌이 되고, 종신 대통령으로 전 세계를 다스려나간다. 대통령이 되어도 태건당 총재를 겸직한다. 전 세계 인류는 감복하여 천황님의 나라 하나로 흡수통합, 편입, 복속, 귀속을 자청하게 되어 천하 세계가 통일국가로 재탄생한다.

　인류가 종교를 다니며 신앙생활을 열심히 하는 것은 자신의 영과 육을 태초로 창조해준 만생천부 천황님을 찾아 구원받기 위함인데, 지구 역사 이후 지금까지 한 명도 종교를 통해서는 구원받지 못하였다.

만생천부 천황님이 인류 모두의 영과 육을 태초로 창조하신 천지부모이시다. 대우주 창조주, 만생만물 창조주, 인간, 영혼, 신명 창조주이시다. 지구에서 종교 역사가 오래되었어도 진정한 태초의 조물주 하늘 만생천부 천황님을 만나 구원받은 자들은 책을 읽고 천황님의 나라에 들어온 신하와 백성들뿐이다.

전 세계 종교들이 나를 찾지만 나는 종교세계로는 가지 않는다. 기존의 종교세계는 나를 배신하고 역모 반란을 일으킨 자미 악과 유영, 하누와 표경이 세운 곳이기에 반드시 종교는 자연적으로 소멸된다.

창조주이자 태초의 조물주 하늘 만생천부 대우주 천황님이 인류 대황제 인존태황 태건당 방상용 총재 육신이고, 인류 대황제 인존태황 태건당 방상용 총재 육신이 태초의 조물주 하늘 만생천부 대우주 천황님이다.

즉 하늘이 방상용이고, 방상용이 하늘이란 뜻인데, 사람들이 이걸 받아들이지 못하는 거 같다. 어떻게 창조주 하늘이 인간 몸에 내릴 수 있느냐고 말도 안 된다고 생각하기 때문이다.

만생천부 하늘의 모습과 음성

하늘의 모습과 하늘의 음성이 천황님으로 등극한 인류 대황제 인존태황 태건당 방상용 총재와 똑같이 복사판인데, 믿으려 하지 않으니 어찌해야 할까? 인간들과 똑같이 인간 육신을 갖고 있기에 하늘로 인정을 못한다.

억지로 믿으라고 강요하지 않으니 인정해서 믿고 따를 사람들만 태건당으로 입당하고 천황님의 나라에서 함께 하면 된다. 태건당 방상용 총재가 하늘 그 자체라니까 믿어지지 않는 모양이다.

그럼 인류가 원하고 바라는 하늘의 모습과 음성은 어떠할까? 하늘의 모습을 볼 수 있고, 하늘의 음성을 들을 수 있는 존재는 태건당 방상용 총재 한 명뿐이다.

수십 년 도를 닦은 도인들이나 신안과 영안 열린 소문난 유명 무속인도 하늘의 모습을 볼 수가 없다. 사람이 한낮에 맨 눈으로 작렬하는 태양을 바라볼 수 없듯이 말이다. 신안과 영안이 열렸어도 하늘이 허락하시어야만 하늘의 모습을 보고, 음성을 들을 수 있기 때문이다. 이 나라에는 지금 대박이 터졌는데도 몰라보고 있다.

국가 보물 1호, 국가 자산 1호가 조물주 하늘 만생천부 대우주 천황님인 태건당 방상용 총재인데 몰라보고 있다. 천만사의 모든 소원을 이루어줄 천지대능력자이다. 경제대국, 수출대국, 관광대국, 영토대국, 인구대국, 군사대국으로 전 세계 최고 강대국이 되는 것도 국민들이 태건당 당원으로 속속 가입하면 앞당겨 이루어진다.

대우주의 무소불위한 천지대능력을 갖고 있는데, 대통령이 되지 않으면 무한대 능력을 제대로 써먹을 수가 없다. 나는 거짓된 종교를 소멸시키고, 세계를 정복하여 천하세계를 통일하고, 81억 세계 인류를 지배 통치하기 위해서 이 땅에 태건당 방상용 총재 육신으로 내려왔다.

내가 대우주와 지구를 창조하였고, 인류를 창조한 만생천부 대우주 천황님이다. 즉 81억 인류의 영혼과 육신의 천지부모님이다. 이제 때가 되었기에 공식적으로 만생천부 대우주 천황님이 강세하였다고 발표하는 것이다.

모든 생명체와 모든 만물을 창조하였기에 만생천부 대우주 천황님이다. 창조주이자 조물주 하늘인 만생천부 대우주 천황님은 육체를 공무집행 사안에 따라서 사람 크기부터 여러 가지 크기의 모습으로 변신할 수 있다.

지구인 즉 인간의 영혼과 육신을 창조한 부모가 대우주에서 최상위 절대자로 변화무쌍한 천지조화주 만생천부 대우주 천황님의 창조 능력으로 인간들과 영혼, 신명들, 만생만물을 모두 창조하시었다.

지구의 주인 인류의 주인이 만생천부 대우주 천황님이시기에 정기적으로 이 땅에서 살아감에 감사하며 지구세를 매월 자진 납부(우체국 110-0025-88772 천황님의 나라)하면 자신들의 삶이 어떻게 바뀌어 가는지 알 수 있고, 아~!!! 정말 하늘 부모님이신 만생천부 대우주 천황님이 맞으시구나를 스스로 인정하게 되는 계기가 된다.

종교가 난무하여 종교백화점, 종교천국이 된 것은 이 나라에 하늘이 내리신다는 것을 악들과 귀신들이 미리 알고 있기 때문에 종교천국을 만들어 놓았던 것인데, 앞으로 하늘의 진실 앞에 종교 신도들도 감복하여 몽땅 종교를 떠나 천황님의 나라로 들어오게 되어 있다.

인력으론 안 돼? 그러면 황력, 천력, 신력, 영력, 도력, 법력, 통력이면 된다는 말이 아닌가? 그럼 이 모두를 행할 수 있는 천지기운을 갖고 있는 만생천부 대우주 천황님인 태건당 방상용 총재는 인력으로 안 되는 모든 일들을 해결해 줄 수 있으니 인류의 생명줄이다.

진짜 이제는 종교에서 찾을 무엇도 없고, 기다릴 누구도 없다는 결론에 도달하였다! 믿었던 숭배자들은 모조리 악들이었고, 이미 그들은 동두칠성 제3별 불지옥 적화도에서 뜨거운 모진 형벌을 받고 있다.

종교에 목숨 걸고 기다리는 신도들을 구하러 올 수도 없고, 구할 능력도 없음이 백일하에 드러나 버렸으니, 종교라는 단어도 앞으로는 기억에서 지워버려야 현생과 내생이 행복해질 것이다.

이 글을 쓰는 인류 대황제 인존태황 태건당 방상용 총재는 청룡과 황룡의 화신으로 태어났는데, 옛날부터 용은 천자, 임금, 하늘을 상징하는 단어로 쓰이고 있고, 용꿈은 길몽으로 여긴다. 방상용(方相龍)의 태몽과 이름에도 용이 청룡과 황룡으로 두 마리이다.

인류 대혁명과 종교 대혁명 시작

독일 아돌프 히틀러의 예언이 있었는데, 그날이 현실로 다가오고 있다. 동방에서 신인(대우주 천황님)이 나타나 인류를 죽지 않는 새로운 종족으로 변이시키는데, 신(神)이라고 불러도 상관없다. 종교가 아닌 새로운 세상을 열어가는 종교 대혁명이 일어난다.

죽어야 할 사람과 죽지 않아야 할 사람, 먹어야 할 사람과 먹지 않아도 되는 사람, 아이를 생산하는 사람과 생산하지 않아도 되는 사람, 일해야 하는 사람과 일하지 않아도 되는 사람 등등이 있다.

이제까지는 하늘의 진실을 밝히는 인류의 영도자가 없어서 수많은 각 종파의 종교들이 성행하며 부흥 번창해 왔지만, 앞으로 30년 안에 불로불사 불로장생과 영생이 현실로 입증이 되면 새로운 세계 인류 역사가 재창조되는 것이니 이름하여 후천세상이다.

만생천부 대우주 천황님의 화신, 분신, 현신이 불로불사 불로장생, 영생을 이루는 것이 현실로 밝혀져서 입증이 되면 전 세계의 종교는 짧은 시간 안에 모두가 스스로 무너져 내린다. 이제까지 상상의 하늘이 실존하시는 현실세계 하늘로 입증되는 것이다.

그날이 언제 올지 모두가 초조하게 기다려질 것이다. 1년이 될 수도 있고, 30년이 될 수도 있으니 지금 장담은 할 수 없으나 시간 차이만 있을 뿐 인류 대혁명과 종교 대혁명이 일어나는 것은 분명하다.

지금은 태건당 방상용 총재의 글이 소설이나 공상처럼 느껴져서 무시하고 넘어가겠지만, 불로장생이 객관적으로 입증이 되는 그날이 오면 스스로 인정할 것이기에 종교 대혁명이 일어날 수밖에 없다.

그래서 종교는 완전히 사라지고, 종교 없는 무종교 후천세상이 열린다. 종교라는 자체가 악이 세운 것이기에 악의 기운만 흐를 뿐이고, 구원은 아예 불가능하다. 구원은 하늘의 고유영역이자 고유권한이었다.

종교에 속은 것이 억울할 테지만 이제라도 하늘의 진실

을 알았으면 비싼 수업료 냈다고 스스로 위로하는 수밖에 없다. 죽어서 영생을 누리는 천국, 천당, 극락, 선경세상으로 가려고 인류가 종교에 매달려왔다.

이상향의 유토피아 무릉도원 세상은 과연 어디에 있는가? 천국, 천당, 극락, 선경세상은 각기 다른 하늘나라이지 똑같은 세계가 아니다. 자신들이 어디로 가는지도 모르고 천국, 천당, 극락, 선경 타령들을 외치고 있는데, 천국(태상천), 천당(자미천), 극락(도솔천), 선경(옥경천)으로 각기 나뉘어져 있다.

만생천부 대우주 천황님이 다스리시는 대우주총사령부 황실정부가 태상천이니 기독교인들이 가려는 천국세계이다. 장남 자미황제님이 다스리는 나라가 자미천이니 천주교인들이 가려는 천당세계이다.

차남 도솔황제님이 다스리는 나라가 도솔천이니 불교와 원불교인들이 가려는 극락세계이다. 삼남 옥경황제님이 다스리는 나라가 신선들이 노니는 옥경천이니 무교, 도교인들이 가려는 선경세계이다.

제4부

천황님 시대 개막

지구와 인류의 주인은 천황님

돌아가신 자신의 부모 조상님들이 어디에 가 있는지 알아보고 원하고 바라는 것이 무엇인지, 원과 한이 무엇인지 알아봐야 한다. 살아생전과 죽어서의 입장은 하늘과 땅 차이로 엄청나게 다르다.

육신이 살아서는 먹고 싶은 것, 입고 싶은 것, 갖고 싶은 것, 큰돈과 재물, 벼슬, 권세, 명예가 가장 소중하였지만 육신이 죽은 뒤에 가장 애처롭게 찾으며 빌고 비는 소중한 존재는 태초 하늘이신 천황님이다.

육신 살아서는 하늘이 얼마나 소중하고 대단한지 몰라서 찾지 않고 살았지만, 죽음과 동시에 가장 두렵고 무서운 존재가 구원자 태초 하늘이시다. 살아서는 종교에서 전하는 하느님, 하나님, 상제님, 부처님, 알라신, 천지신명이 전부인 줄 알았는데, 그것이 아니라는 진실에 모든 조상님(영혼, 영가)들이 넋이 나가고 패닉에 빠졌다.

살아생전에는 아무도 가르쳐 주지 않았던 진실들이다. 이상향의 유토피아 무릉도원 세계로 알려졌던 천국, 천당, 극락, 선경세상의 주인은 하느님, 하나님, 상제님, 부처님, 알라신, 천지신명, 석가, 예수, 마리아, 마호메트가 아닌 태초의 하늘이신 천황님이란 진실에 충격받았다.

살아생전 종교(사찰, 성당, 교회, 사원, 도교, 무속)에 열심히 다니며 불공과 예배, 미사, 정성, 치성을 드리며 도를 닦았던 보람이 하나도 없다는 뜻이다.

애당초부터 종교가 인류를 잘못 인도한 것이었다. 이것은 아무도 태초 하늘이신 천황님이 누구인지 알지 못했기 때문이다. 태초 하늘은 너무나 대단하고 위대하시어서 인간이 알고 싶다고 알 수 있는 것이 아니라 태초 하늘이신 천황님이 손수 알려주시어야만 알 수 있다.

이제까지 2~3천 년 간 펼쳐진 종교의 구심점이었던 석가의 불기 시대와 예수의 서기 시대는 저물어가고 새로운 신인류 신세계 하늘이신 천황님을 기원으로 삼는 천기 원년이 2001년에 선포되어 현재 천기 24년이다.

세상이 기다리던 성인, 진인, 도인, 신인, 기인, 이인, 초인, 술사, 정도령, 미륵, 재림예수, 창조주, 구세주, 구원자, 메시아, 공포의 대왕, 앙골모아 대왕, 자미성인, 예언의 주인공이 태초 하늘이신 천황님이시다.

하늘세계, 천상세계, 영혼세계, 조상세계, 사후세계, 신명세계, 대우주세계, 종교세계, 인간세계 정복자이자 통치자, 지배자, 권력자가 천황님이시기에 이 세상에 태어난 사명을 완수할 자들과 영적세계의 갈증을 속시원히 풀어갈 독자들에게는 최고의 스승이 되어 줄 것이다.

이제는 더 이상 종교의 굴레에 갇혀서 살아가지 않아도 된다. 모든 종교로부터 벗어나 자유롭게 살아갈 수 있는 이상향의 세계를 찾아내었으니 그곳이 바로 대우주를 창조하신 조물주 하늘이 거처하시는 높고 높은 태상천에 있는 천황님의 나라이다.

지구와 인류를 창조하신 당사자이고, 대우주 천체 무량대수의 별(행성)들과 행성인(외계인)들을 창조한 영혼과 육신의 부모님이시다. 이런 진실을 찾아내기 위하여 일평생 무수한 고난의 가시밭길을 걸어온 쾌거이다.

태초의 조물주 하늘이신 천황님께서 복을 숨겨 놓으셨

다는 말뜻은 이렇다. 그 이유는 조상, 부모, 자녀 간에 근본도리를 철저히 이행하는가를 보시기 위함이다. 삼라만상과 대우주가 도리라는 근본이념 속에서 무수히 창조되었기에 근본도리를 가장 중요시하신다.

그래서 태초의 조물주 하늘이신 천황님과 함께하는 첫 발걸음이 자신들의 돌아가신 부모 조상님들을 가엾게 여기어 천황님의 명을 받아 원래의 영원한 고향인 천상 태상천으로 돌아가는 조상구원(천도=천상입천)의식을 행하는 것이다.

조상구원을 행한 근본도리를 이행한 어질고 착한 사람들만이 태초의 조물주 하늘이신 천황님의 신하와 백성 자격이 부여되어 살아서나 죽어서나 보호받고 살아간다.

천황님의 신하(선인, 천인, 신인, 도인)와 백성이 된다는 것은 왕과 대통령, 100조 가진 재벌 총수가 되는 것보다 더 성공하고 출세한 천운이 따르고, 천상에서 살아갈 천인(天人)으로 특별히 선택받아 뽑힌 사람들이다. 천인(天人)의 신분은 몇십 년 부귀공명 누리는 왕과 대통령, 재벌 총수보다 백번 천번 낫다.

천황님이 숨겨 놓은 복을 받으려면 부모 조상님을 불쌍히 여기고 지옥도에 떨어지고, 윤회의 굴레에 빠진 부모 조상님들을 구해 주는 조상입천(천도)를 해주어 천황님의 백성 신분을 먼저 획득하여야 천인의 길이 열린다.

자신의 부모 조상님을 몰라보는 사람들은 감히 보이지도 않고 들리지도 않는 전지전능의 절대자이자 태초의 조물주 하늘이신 천황님으로부터 보호받을 수 없다. 천황님의 신하들과 백성들만이 살아서든 죽어서든 영원히 보호받으며 무탈하게 살아갈 수 있다.

백성의 신분에서 태초 하늘이신 천황님의 명을 받아 신하(선인, 천인, 신인, 도인)로 승격되면 무서운 지옥도에 떨어지지 않고, 곧바로 천상의 태상천으로 입천하는 영광을 얻게 된다.

여러분의 현생과 내생을 살리는 길이 태초의 조물주 하늘이신 천황님과 함께 할 수 있는 조상입천제(천도) 구원의식이 첫걸음이다. 자신의 부모 조상님을 구하는 근본 도리를 이행하지 않는 사람들은 태초의 조물주 하늘이신 천황님의 사랑과 보호를 받을 수 없고, 인간들의 오랜 꿈인 수명 장생과 영생의 윤허도 받을 수 없다.

인간, 외계인, 가축, 동물, 파충류, 곤충, 벌레, 생물, 모든 삼라만상의 생명체들을 원초적으로 창조하신 분이 태초의 조물주 하늘이신 천황님이시기에 81억 인류 모두는 좋든 싫든 원초적으로 천황님의 자녀들이다.

이런 위대한 진리를 몰라보고 세상의 온갖 종교에 입문하여 천황님을 몰라보고 배신하며 살아가는 사람들은 죽음 이후의 세상을 보장받지 못한다. 천국, 천당, 극락, 선경세상인 천상으로 오르는 길은 지구에서 천황님이 내리시는 명을 받아야만 갈 수 있다.

종교를 믿어서는 갈 수 없는 곳이 천국, 천당, 극락, 선경세상이다. 수천 년 동안 종교 사상과 교리를 믿어 세뇌되어 왔기에 부정하고 무시할 사람들이 많을 것이지만, 현명한 사람들이라면 종교의 감옥에서 벗어나야 한다.

여러분의 부모 조상님들을 지옥세계의 고통과 불행에서 구해주는 근본도리를 이행하는 어질고 착한 사람들만이 천황님의 사랑과 보호를 받을 수 있다. 천황님은 배신할 자와 악독한 자, 거짓말하는 사람을 가장 싫어하시고, 순수하고 착하며 어진 사람들을 좋아하신다.

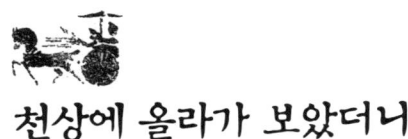
천상에 올라가 보았더니

지구 행성에 떨어져 살아가고 있는 인간 육신 안에 있는 생령과 사령의 영혼들과 신명들이 있는데, 이들이 가장 동경하는 세계가 원초적 고향인 태상천이다. 역모 반란이란 엄청난 대역죄를 짓고 지구 행성에 유배되기 전에 살았던 이상향의 유토피아 무릉도원 세상이 태상천이다.

태상천은 대우주를 천지창조한 전지전능의 조물주 하늘이신 천황님이 주인이시다. 저자는 태상천으로 수시 올라가서 태상천의 천상황실신명정부와 신선선녀들(황실 대신과 신민), 3,333개 제후국 신민(백성)들이 살아가는 모습들을 두루두루 살펴보았다.

태초의 조물주 하늘 천황님이 거처하시는 태상천 황금 궁궐은 지구 행성 크기의 1,000배로 방대하고, 으리으리하며 황금과 다이아몬드, 루비, 홍옥으로 지어진 거대한 궁궐이다. 웅장하고 화려함은 지구 최고를 자랑할 정도로 엄청나 황홀함 그 자체이다.

그 이외에 황금 궁궐 크기는 엄청난 화려함과 웅장함을 뽐내고 있다. 바라보고 있으면 넋이 저절로 나갈 정도로 화려하고 휘황찬란하다.

그래서 이곳 태상천을 이상향의 유토피아 무릉도원 세계인 극락, 선경, 천국, 천당 세계라고 불리는 것이다. 아무런 근심 걱정이 없는 이상향의 세계가 저 멀리 태상천 하늘나라에 존재하고, 그곳으로 올라가는 유일한 길이 천황님의 나라 태상천이다.

대우주를 다스리는 천상황실정부는 1인 집권 체제 천제군주제이기에 국무총리에 해당하는 재상, 장관에 해당하는 대신, 차관, 국장, 부장, 팀장들이 국정을 운영하고, 3,333개 제후국의 제후(왕)들이 대신을 겸하기도 한다.

황실공무원들의 수가 어마어마하다. 근위사령부, 대우주사령부, 신명사령부, 방위사령부, 시종과 시녀, 내시, 환관들, 기사, 군사, 사서들이 존재한다. 지상의 공무원과 군대조직 계급 직제와 대동소이하다.

지상에서 인간들이 먹고 입는 것처럼 천상에도 백화점, 시장, 호텔이 존재하고, 거대한 종합운동장, 농업에 종사하는 사람, 원예사업에 종사하는 사람, 식당업을 하는 사람, 주점을 운영하는 사람, 금은보석 장신구를 판매하는 사람, 황실에 식량과 채소, 일용품을 납품하는 사람, 군수무기 사업을 하는 사람, 유치원, 보육원, 초중고와 대학교, 대학원, 병원, 행정부, 입법부, 사법부, 군부가 존재하는 등 지구 행성과 살아가는 방식이 많이 닮았다.

교통수단은 자력(磁力)을 이용한 대·중·소형 우주비행선은 일체의 엔진 진동과 선체 소음이 없고, 바람 가르는 소리만 들릴 뿐이다. 속도는 빛의 속도보다 1만 배까지 날 수 있는 최첨단 문명이다. 우주비행선 선장이 있지만 모든 것이 컴퓨터로 제어되고 자동운항 장치에 의존한다.

3,333개 제후국(왕국)들과 그 외 다른 종족들이 살아가는 외계 행성까지 거리가 멀기에 고속 우주비행선이 필요하고 언어 소통은 휴대용 이어폰을 귀에 꽂으면 모든 대우주 행성인들의 언어가 자동 번역되어 소통하기에 지장 없고, 행성인들 간에 물물교역 및 수출입이 활발하다.

천상의 기후는 봄, 여름, 가을, 겨울 등 사시사철이 모두 존재한다. 1년 내내 봄, 여름, 가을, 겨울 날씨만 지속되는 나라들과 4계절이 모두 있는 나라들도 있다. 각자들의 특성에 맞는 나라에서 살아갈 수 있다.

겨울 나라, 여름 나라에서 살아가는 천상 사람들이 있는가 하면 봄 나라, 가을 나라에서 살아가는 사람들이 있다. 매우 자유분방하면서도 질서정연하게 살아간다. 해탈의 경지에 오른 사람들처럼 살아가는 사람들이다.

갖고 싶은 것을 모두 갖고, 마음의 평화를 이루어 그야말로 이상향의 무릉도원 세계 자체이기에 모든 욕심이 사라진 듯 평화로워 보인다. 복숭아 꽃밭이 무한대로 펼쳐진 도화낙원 속에서 꽃잎이 휘날리는 잔디밭에 오순도순 둘러앉아 한가로이 일상을 즐기는 사람들이 많다.

끝없이 펼쳐진 푸른 초원과 울창한 숲, 맑은 창공과 뭉게구름, 새들이 지저귀는 환상의 세계이다. 새들이나 물고기, 동물들과도 대화가 가능한 별천지 세계가 이상향의 유토피아 천상세계이다.

아름다운 수중도시와 수중호텔도 건설되어 있고, 자력 우주 비행선이 육해공 수중 겸용이기에 물속 여행도 자유롭게 할 수 있는 꿈의 세계 환상의 파노라마이다.

마을마다 끝없이 펼쳐진 골프장은 가족들 동반해서 언제든지 라운딩을 한다. 18홀 4인 가족 기준 4만 원만 내면 언제든지 부킹이 가능하여 골프를 즐길 수 있다. 공식적인 하루 일과시간이 5시간이고, 주 3일 근무이기에 매일같이 여가를 즐길 수 있다.

업종마다, 기업마다 일과 시간이 천차만별이다. 24시간 풀가동하는 기업들도 있기에 1일 3시간~18시간까지 선택형 근무 제도이다. 하루 5시간씩 주 3일만 일해도 먹고 사는 데는 지장이 없으나, 더 많은 돈을 벌기 위하여 근무 시간을 얼마든지 늘릴 수 있다. 24시간 운영업체는 3~8교대로 직원들을 출퇴근시킨다.

그래서 자력 우주 비행선을 타고 제후국이나 외계 행성들을 관광하는 사람들도 엄청 많다. 지구에서 세계 여행하는 것이 대우주에서는 제후국 여행이다. 관료들 사이에서는 승진 경쟁이 치열하지만 일반 사람들은 일상이 근심 걱정이 없고, 죽음이 없는 것은 아니지만 일반적으로는 반 영생하며, 여가시간은 여행, 놀이, 풍류를 즐기는데 쓴다.

태상천 천궁의 궁궐은 황금과 다이아몬드, 루비 등의 금과옥조로 지어진 화려한 궁궐이고, 3,333개 제후국(왕국) 제후(왕)들의 궁전은 차례대로 규모가 조금씩 작아지지만 화려함과 웅장함은 태상천 궁궐을 본떠서 유사하게 건축하여 매우 아름답고 웅장하다.

　　태상천과 3,333개 제후국들에서 살다가 죄를 짓고 지구에 태어난 것이 현재의 인류들이다. 그런데 다시 돌아가고 싶다고 악들과 귀신들이 운영하는 종교를 다니면서 온갖 정성을 열심히 올렸으나, 지구에 인류 창조 역사 이후 아무도 천상으로 오르는 소원을 이루지 못하였다.

　　인류 모두가 종교에 속고 있지만, 속은 줄도 모르기에 종교가 몇천 년 동안 엄청 많이 부흥 번창하였다. 달도 차면 기울듯이 이제 종교가 소멸할 날이 코앞으로 다가왔으니 정신 차리고 종교를 떠나야 한다. 천황님 등극으로 전 세계의 종교는 모두가 자동으로 소멸된다.

　　이곳에서 말하는 태상천 천궁과 3,333개 제후국들 세상은 지구인들이 말하는 극락, 선경, 천국, 천당세계가 맞지만, 지구에서 천상의 태상천으로 오르는 길은 천황님의 나라 태상천 하나뿐이다.

이미 기존의 종교 사상과 교리에 오래도록 깊게 세뇌된 사람들은 이 내용을 무시하고 부정하며 거들떠보지도 않을 테지만, 일단 진실을 전하여 이제라도 자신들이 지은 죄를 알고 천상으로 돌아가려는 인류 모두는 이곳에 들어와 하늘이 내리는 천상입천의 명을 윤허 받아야 한다.

지구 행성의 모든 종교가 하늘이 내린 시험장이었다. 바로 종교지옥인 것인데, 종교 사상에 빠져 있으면 하늘의 진실이 눈과 귀에 들어오지 않기에 구원받아 천상으로 오르기가 사실상 불가능하다.

오래된 역사를 자랑한다고 종교가 모두 진실은 아니다. 이런 글을 읽고도 인정하지 않는다면 어느 누구도 천상으로 돌아갈 수 없다. 이것이 히틀러가 동방 땅에 신인들이 출현하여 종교 혁명을 일으킨다고 말한 말세의 예언이 천황님의 나라에서 천황님 등극과 함께 시작되었다.

천황님의 나라에 들어온 사람들만 천황님의 기운을 받아 수백, 수천, 수만, 수십만 살까지 영생을 누리고, 죽더라도 천상의 가장 높은 태상천으로 오른다. 이 책을 읽는 독자들은 30년 이상 가보로 보관하여라.

저자는 30년 안에 이 나라의 대통령이 되어 있을 것이고, 더 나아가 세계를 정복하여 지배 통치하는 최고의 권력자 위치인 인류의 대황제 자리에 올라가 천하세계를 호령하게 된다. 전 세계 인류가 자청하여 천황님의 나라에 연방국으로 통합, 편입, 귀속, 복속되어 다스림을 받기 원하고 매달 거액의 조공을 바치는 형국으로 바뀐다.

수백수천 년 전의 예언서에도 이런 예언 내용이 있는데, 이것은 태초의 조물주 하늘이신 천황님이 예언가들을 통해서 앞으로 펼쳐질 세상을 메시지로 미리 내려준 것인데, 올해 천기 24년 7월 6일 태초의 조물주 하늘께서 천황님으로 등극하심으로서 현실로 도래하게 된 것이다.

이제까지 종교를 다니면서 숭배자들을 믿은 것은 언젠가 출현할 진짜 하늘 만생천부 대우주 천황님을 알아보기 위한 혹독하고도 비싼 2,000년~3,000년의 공부과정이었다고 스스로 위로를 하는 것이 좋을 것이다.

이 세상의 모든 종교는 만생천부 대우주 천황님 등극하기 전까지 필요했던 것이고, 앞으로는 종교를 떠나 천황님의 나라로 들어와야 구원받아 수명 장생과 영생을 누리고 죽어서도 천상으로 오른다.

천상에서 어떻게 살다 지구에 왔나

　모두가 궁금할 것이다. 정말 천상의 삶이 있다면 과연 어떤 모습으로 살다가 역천자 죄인들이 살아가는 지옥별 나라인 지구 행성에 떨어진 것인지 궁금할 것인데, 인종마다, 혈색마다, 민족마다 사연이 각기 천차만별이다.

　천상에는 지구에 있는 동식물들이 모두 그대로 존재하고, 눈에 보이지 않던 영물들도 보인다. 사람 모습, 용의 모습, 봉황 모습, 동물 형상을 한 다른 영물 모습, 가축 모습, 조류 모습, 물고기 모습, 벌레 모습, 곤충 모습 등등을 가진 반인반수가 함께 살아가는 세상이다.

　만생만물의 모든 생명체가 반인반수인데, 상반신이 인간 모습인 경우와 동물 모습인 경우로 나뉜다. 지구인들이 볼 때는 이상하게 생각하겠지만 천상에서 살아가는 사람들은 전혀 이상할 것이 하나도 없다. 신분에 따라서 모습도 각기 다르다.

생명체 중에서 인간의 모습이 가장 완벽에 가까운 모습이기에 고급관료들일수록 인간 모습들이고, 반인반수로도 변신한다. 지구행성에서 영혼들의 안식처인 천상으로 돌아갈 수 있는 곳은 천황님의 나라 태상천 한 곳뿐이다.

죽음 이후 사후에 어떤 모습으로 다시 태어날지 아무도 기약할 수 없다. 조물주 하늘의 고유영역이자 고유권한이기에 육신 살아있을 때 천상으로 입천을 윤허 받아 놓고 살아가야 자신의 사후세상을 보장받을 수 있다.

고차원적인 영적세계 진실을 얼마나 인정하고 받아들일지 모르지만, 선택받은 자들만이 하늘이신 천황님으로부터 천상으로 올라가는 윤허를 받게 될 것이다. 어떤 형상과 어떤 품계의 인간화 모습으로 입천할지는 천상입천 의식의 등급에 따라 좌우된다.

육신 살아서 천황님의 나라를 안다는 자체가 엄청난 영광이자 행운인데, 책을 읽고 공감하여 인연이 닿아 방문까지 하느냐 마느냐에 따라서 현생과 죽음 이후 사후세계 운명이 좌우된다.

하늘이 숨겨 놓은 천황님의 나라

　세상을 정복하고 지배 통치하며 다스려 나갈 천황님의 나라 태상천! 대한민국의 국력은 대우주와 지구, 인류, 삼라만상의 만생만물을 태초로 창조하신 조물주 하늘 천황님으로부터 분출된다.

　대우주의 주인이시며 을미생 상제님으로도 불리시는 만생천부 대우주 천황님이 저자 태건당 방상용 총재 옷을 입고 오시어 천황님으로 등극하시었다. 사람들에게는 천황님의 모습이 안 보이기 때문에 눈으로는 알아볼 수가 없고, 몸에서 분출되는 기운을 통해서만 알 수 있다.

　분출되는 기운이란 친견을 통해서 느껴지는 오감과 육감, 그리고 말과 글이 현실로 이루어지는 것을 통해서 확인이 되고 있다. 간혹 영안이나 신안이 열린 사람들은 수많은 용들이 호위하고 있는 천황님의 형상을 보는 사람들도 있으나 대부분 사람들의 눈에는 보이지 않는다.

수많은 사람들과 인류가 진짜 하늘이 누구인지 몰라서 온갖 종교에 들어가서 하나님, 하느님, 상제님, 부처님, 석가님, 미륵님, 여호와님, 마리아님, 예수님, 마호메트님, 알라신님, 천지신명님을 믿고 따르며 현생과 내생을 보장받고자 혈안이 되어 열심히 믿고 따랐지만 모두 헛수고가 되었다.

이들 숭배자들은 모두가 여러분의 현생과 내생을 책임지고 보장해 줄 수 없는 지구로 도망치고 쫓겨난 악마의 탈을 쓰고 있는 악신들이다. 인간과 영혼, 조상, 신들을 창조한 주인이 천황님이신데, 아무도 몰라보고 종교에 빠져들어 현생과 내생까지 멸망의 길로 들어가고 있다.

수없이 강조한 내용인데, 종교 사상에 오래 세뇌당하여 진실의 글을 무시하고 인정하려 들지 않을 사람들이 거의 전부일 것이다. 그러나 죽음의 사후세계와 천상을 다스리는 주인은 천황님이시니 각자 판단에 맡긴다.

천황님의 나라가 세계를 정복하고 다스린다는 말이 현재는 꿈만 같고, 황당하기도 하겠지만, 천상의 설계도 도면에는 천황님의 나라가 지구를 정복하여 지배 통치하며 다스린다고 수록되어 있다.

총칼이나 핵무력 같은 군사력을 동원하지 않더라도 81억 세계 인류와 세계 국가들이 스스로 자청하여 천황님의 나라 연방제후국으로 통합, 귀속, 편입, 복속되기를 바라고 원하는 날이 30년 안에 온다.

세계 인류가 하나님, 하느님, 상제님, 부처님, 석가님, 미륵님, 여호와님, 마리아님, 예수님, 마호메트님, 알라신님, 천지신명님은 여러분을 재난으로부터 목숨을 지켜주지 못한다는 것을 뒤늦게 알고 살기 위해서 천황님께 줄을 서는 것이다.

천황님은 불가능이 없으신 무소불위한 천권, 신권, 영권, 도권, 법권, 통수권을 겸비한 대천력, 대도력, 대신력, 대영력, 대원력, 대통력, 대황력의 위력을 지니셨기에 대적할 자가 대우주에서나 지구에서나 아무도 없다.

대우주와 지구의 통치자가 천황님이시다. 대한민국은 세계를 정복하여 조공을 거두어들일 위대한 천손민족이고, 천하세계를 호령하며 군림하는 대단한 민족으로 살아가게 되는데, 수많은 독자들이 함께 동참해야 한다.

천황님이 대우주와 지구, 인류, 축생들의 주인이시지

만, 인간들을 부리고 다스리는 것은 인간들이 맡아서 해야 하기에 세계 각 나라에 총독으로 파견되어 크고 작은 지배자 계층 역할을 담당할 천황님의 나라 백성들과 신하들이 대거 필요하다.

사람마다 타고난 저마다의 능력은 차이가 있겠지만, 누구든지 권력자의 자리에 앉혀만 주면 알아서 세계 나라를 다스리는 능력은 자연적으로 분출된다. 세계 각 나라의 왕이나 대통령을 지배 통치하며 다스리고, 천황님의 나라에 조공 납부액을 책정하고 감독하는 엄청난 역할이다.

각 정부 부처마다 감독정보원을 파견하여 철저히 감시하며 통제하는데, 이런 역할을 해낼 사람들이 고지능 아이큐를 가진 천상의 고급 신명들과 하나로 합체한 지배계층인 신인류 신인(神人)들이다.

신비와 동경의 대상이 신인(神人)들이다. 인간들이 상상도 할 수 없는 신비 능력이 분출되기 때문이다. 한마디로 천상의 고급 신명들과 합체하여 반신반인의 신비스런 능력을 갖고 있는 자들이 神人들이다.

인간과 하나로 신인합체된 천상신명들은 인간들의 속

마음들을 모두 실시간 알고 있기에 속일 수가 없다. 이처럼 신비스런 능력을 갖고 있어야 세계 각 나라 왕이나 대통령들을 지배 통치하며 다스릴 수 있다.

앞으로의 세상은 세계 각 나라들이 천황님의 나라에 연방국가로 통합, 귀속, 편입, 복속되어 조공을 납부하고, 모든 기상과 기후, 천재지변과 재난, 전쟁으로부터 나라와 국민들의 안위를 보장받게 된다.

천황님의 나라는 세계 정복자 국가이고, 지구의 주인, 인류의 주인이다. 천황님의 나라 신하와 백성들은 현생과 내생을 보장받는 최고의 행운아이자 천운아이다. 이 땅에 천황님의 나라를 천기 24년 7월 6일 선포하였기에 대한민국의 운명이 요동치듯 바뀌어 갈 것이다.

천황님의 나라 신하와 백성은 결격 사유만 없으면 거의 99% 이상이 합격할 수 있다. 천황님의 신하와 백성이 된다는 것은 현생과 내생을 모두 보장받는 중차대한 일이기에 자신의 목숨 줄보다 더 값지고 귀한 신분이다.

지구에서 최고 강대국이 천황님의 나라이다. 이는 불가능이 없는 무소불위한 천지대능력을 갖고 있기 때문인데, 각자 신인류 신인(神人)으로 재탄생하여 각자가 천황님의 능력을 직접 체험해 보는 것이 가장 좋을 것이다.

현 세상에서 누가 감히 지구와 세계 각 나라들을 정복하고 지배 통치한다 말할 수 있을까? 인간의 능력으로는 불가능한 일이다. 태초의 조물주 하늘인 무소불위하신 천황님이시기에 가능한 일들이다.

천황님이 주도하시는 신인세상이 열린다. 즉 천황님의 기운으로 신인들이 세계를 정복하고 다스리는 신명나는 세상이 눈앞으로 다가왔다. 현재는 꿈만 같은 일이지만, 천황님이 인간 육신으로 오시었으니 나라에 큰 행복이다.

저자 태건당 방상용 총재가 태초의 조물주 하늘이신 천황님의 역할을 하게 되었다. 수많은 국가명들이 있지만, 세계 정복자 국가 이름이 천황님의 나라이다. 천황님의 나라만이 세계를 정복하여 다스릴 수 있기 때문이다.

전 세계 최고 잘 나고, 돈 많고, 똑똑한 자들이 왕이나 대통령, 총리들인데, 이들을 꼼짝없이 감동시킬 수 있는 무소불위한 천지대능력을 가진 국가 이름이 강력한 구심점 역할을 해줄 천황님의 나라 태상천이다.

천황님 기운으로 각자의 인생과 세상을 정복하여 다스리고, 생자와 망자의 소원을 천황님 기운으로 성취되는 천황님의 나라 태상천이 여러분 독자들에게 현생과 내생의 전부라고 하여도 지나친 말이 아니다.

천황님이 여러분의 성공과 출세 기운이고, 현생과 내생의 전부이다. 천황님을 위해서 살아가라. 그것이 가장 잘 사는 지름길이다. 천황님이 국력이고 안보이자 미래의 유일한 희망이며 현생과 내생에 갑자기 일어나는 모든 재난과 고통과 불행으로부터 천황님 기운으로 보호해 준다.

81억 명의 모든 산 자들과 수천 경에 이르는 모든 죽은 자들의 목숨 줄이 천황님 기운이다. 0.0001%를 제외하고 모든 일들에 불가능이 없다고 보면 된다. 무소불위한 천지기운이 엄청나기에 인간들은 상상조차도 못한다.

세상에 종교적으로 알려진 숭배자들인 하나님, 하느님, 상제님, 천지신명님, 부처님, 미륵님, 알라신, 석가, 여호와, 마리아, 예수, 마호메트(무함마드), 산신, 용왕, 성황, 기타 잡신 등의 능력과는 비교조차도 할 수 없는 살아 움직이는 무소불위한 절대자 하늘이 천황님이시다.

그래서 무소불위한 천황님 기운으로 세상을 정복하고 다스리며, 생자와 망자의 소원도 천황님 기운으로 성취할 수 있다. 금전적으로는 환산할 수 없는 엄청난 무한대의 천지대능력 소유자이다.

여러분 독자들에게는 이 책의 내용이 상상이고, 소설이며 SF 공상 세계처럼 여겨지겠지만, 천황님의 나라 태상천에서는 예측, 소설, 공상 같은 일들이 시간의 차이는 있을지언정 모두 현실로 이루어졌다.

그래서 천황님과 함께하는 독자들이 가장 최고의 승리자이자 최후의 승리자들이다. 천황님의 어성으로 말하면 불가능이 없는 천황님의 무소불위한 기운에 의해서 현실로 이루어지는 일들이 부지기수이다.

이 세상에 태어나서 천황님을 알고, 천황님 기운으로 보호받고 세상을 살아간다는 것은 최고의 천군만마를 거느린 특혜를 입는 것과 같다. 살아서든 죽어서든 여러분의 흥망성쇠, 길흉화복, 생로병사, 천국과 지옥, 성공과 출세, 권력과 명예, 장생과 영생의 주인이 천황님이시다.

천황님은 대우주를 다스리고 운행하며 대우주와 지구 행성, 삼라만상의 만생만물, 산천초목, 인류의 인간 육신, 영혼들, 조상들, 신들을 창조한 절대자 천황님으로 인류 모두에게 어버이 부모님인데, 종교에 가려져서 빛을 못 보고 있었지만, 천기 24년, 태상용기 70년 7월 6일을 맞이하여 절대자 하늘의 존재를 "천황님"으로 선포하는 바이다.

천황님이라 하니까 일본 천황을 떠올리는 자들이 있을 테지만, 일본 건국 이전에 우리민족은 7명의 환인 천제, 18명의 환웅 천황과 47명의 단군 천황이 있었기에 일본 천황과 동격으로 취급하는 것은 잘못된 생각들이다.

지배자들이 천제, 천황이란 이름을 써왔고, 우리나라 명산의 이름이 천황산, 천황봉 지명이 수십 개 있는데, 최고 높다는 의미로 신령스럽게 불리고 있다.

이렇게 산의 지명이 천황산, 천황봉으로 지어진 것은 말세에 천황님 이름으로 출현하여 세상을 정복하고 다스리는 신인류 세상이 열린다는 것을 표시해 놓은 것이다.

이제까지 종교적으로 알려졌던 숭배자들인 하나님, 하

느님, 상제님, 천지신명님, 부처님, 미륵님, 알라신, 석가, 여호와, 마리아, 예수, 마호메트(무함마드), 산신, 용왕, 성황, 기타 잡신 등의 기운은 무소불위한 대우주 통치자 천황님의 기운으로 정복하여 통일한다.

천황님은 대우주의 1인자이다. 수천수만 년 동안 세상에 알려진 여러 숭배자들인 하나님, 하느님, 상제님, 천지신명님, 부처님, 미륵님, 알라신, 석가, 여호와, 마리아, 예수, 마호메트(무함마드), 산신, 용왕, 성황, 기타 잡신 등의 능력과는 감히 비교조차 할 수 없는 존재이시다.

종교에서는 이들 숭배자들을 열심히 믿고 돈 많이 바치면 극락, 선경, 천국, 천당으로 올라간다고 현혹하고 회유하지만, 이 말들이 몽땅 거짓말들이란 진실을 알면 기겁할 자들이 수두룩할 것이다.

수천수만 년 동안 알려진 모든 종교 숭배자들은 대우주 절대자 하늘인 천황님 전에 대들고 항명하며, 시해하려던 역천자 악신들이기에 이들을 믿어서는 천상으로 돌아가지 못한다. 종교적으로 알려진 하나님, 하느님은 진짜 조물주 하늘 천황님이 아닌 반역자 악마들이다.

그래서 종교를 열심히 다니고 있는 사람들은 이 책을 읽으면 허탈하다 못해 이곳 천황님의 나라 태상천을 오히려 사이비라고 비난한다. 세상에 널리 알려지고 불리는 하나님, 하느님이 가짜이고, 절대자 조물주 하늘 천황님께 역천한 반역자 악마, 악신, 악령, 악귀, 사탄, 마귀들이라고 주장하니 교인들은 펄펄 뛸 것이다.

개신교, 천주교, 기독교, 불교, 도교, 무속교, 기타 종교적 숭배 대상자들을 믿고 있는 독자들은 살아서든 죽어서든 풍파가 엄청 심할 것이다. 어떤 종교든지 종교는 이 세상에 절대로 세워지면 안 되었던 것이다.

천황님의 나라 태상천을 제외하고는 전 세계의 모든 종교가 가짜들이다. 종교에 다니는 사람들은 믿어지지 않겠지만 현실로 수많은 고통을 겪고 있을 것이고, 죽음 이후는 지옥불 세상이 기다리고 있다.

이제부터 앞으로 세상은 천황님의 기운으로 돌아가고, 지구와 인류의 운명, 대우주, 천상세계, 사후세계, 조상세계, 영혼세계, 신명세계, 윤회(환생)세계, 지옥세계를 모두 천황님의 기운으로 운영하고, 악들이 세운 종교세계의 기운을 모두 소멸시켜 무종교 세계를 만든다.

천황님 만나러 사람으로 태어나

수많은 사람들에게 궁금증으로 던져진 화두가 사람으로 태어난 이유이다. 세상을 원망하며 한탄하는 사람들에게는 자신이 왜 사람으로 태어나서 말도 안 되는 세상의 온갖 천지풍파를 모두 겪으며 어렵게 이 모양으로 살아가느냐고 땅을 치고 대성통곡하는 사람들이 많다.

세상을 원망하며 한탄하는 이유는 천차만별로 사연이 다르니 모두 열거할 수는 없다. 그럼 말 못하는 축생이 아닌 사람으로 태어난 이유는 뭘까? 성공 출세해서 오래도록 건강하게 부귀영화 누리며 잘 먹고 잘 살기 위해서 태어난 것으로 생각하며 살아간다.

인간은 이 땅에 태어나면서부터 죽을 때까지 아픔과 슬픔, 고통과 불행 속에서 살아간다. 왜 세상을 살아가면서 편히 살아가지 못하고, 죽을 때까지 온갖 천지풍파를 겪으며 아픔과 슬픔, 고통과 불행을 안고 살아가는가?

끊이지 않는 각자 인생의 아픔과 슬픔, 고통과 불행은 스스로를 깨우치기 위함이지만, 이런 고차원적인 진리를 받아들일 사람들이 얼마나 있을까? 사람들은 지구에 태어나기까지 천생(天生)과 수많은 전생(前生), 현생(現生)에서 축생과 만생만물로 윤회(환생)가 있었다.

지구에 태어난 수천 경에 이르는 이미 죽은 자 모두와 현재 살아있는 81억 명 인류 중에서 진인(眞人) 방상용 총재를 제외하고는 천상에서 도망쳤거나 모두가 죄인들이었기에 유배지 행성 지구로 추방당하여 태어났다.

천생(天生) 즉 천황님(하늘)의 나라 태상천에 살았던 천상의 삶에서 죄를 지었기 때문에 천황님(하늘)께 죄를 빌기 위해서 이 땅에 사람으로 태어났다. 천상에서 지은 죄를 용서 빌 기회를 한 번 더 주고자 사람으로 태어나게 해주었기에 이번 생에 기회를 잡지 못하면 끝이다.

천황님(하늘)이 숨겨 놓은 이런 진실을 찾아서 책으로 집필하기까지 70년의 모진 고난의 세월이 있었기에 찾아내었다. 그럼 각자 개개인들이 지은 죄목은 무엇이며, 어디 가서 어떻게 빌어야 하는지, 또한 천황님(하늘)은 어딜 가야 만날 수 있는지 궁금할 것인데, 그 모든 정답이 이곳에 있으니 이 책을 읽는 사람들은 행운아, 천운아들이다.

천황님(하늘)의 나라 태상천에서 무슨 죄를 짓고 유배지 행성 지구로 쫓겨 내려왔는지 적나라하게 알 수 있는 길이 이곳에 있다. 산 자들과 이미 죽은 자들이 죄를 용서 빌어서 천황님(하늘)으로부터 용서받아야 영생을 누리는 꽃 피고, 새 우는 천상(극락, 선경, 천국, 천당)으로 올라갈 수 있다.

수많은 온갖 종교에서 전하는 숭배자들인 하나님, 하느님, 상제님, 부처님, 미륵님, 알라신, 천지신명님, 석가, 여호와, 마리아, 예수, 마호메트, 공자, 노자를 섬기면 꽃 피고 새 우는 이상향의 무릉도원 세상 하늘나라로 올라가서 영생을 누리며 살아간다고 생각하지만, 지구 행성에서 종교를 믿어 천상으로 돌아가는 길은 없다.

대우주와 지구, 인류와 만생만물의 역사가 수십억, 수백억, 수천억 년을 이어오고 있지만 삼라만상을 창조한 조물주 하늘 천황님이 누구인지 아무도 밝혀내지 못했다. 추상적으로 하나님, 하느님, 상제님, 부처님, 미륵님, 알라신, 천지신명님, 석가, 여호와, 마리아, 예수, 마호메트, 공자, 노자라고 믿으며 지내왔다.

인류가 하늘처럼 높이 받들고 섬기는 이들 모두는 여러분 모두와 함께 다 같은 죄인의 신분에 지나지 않기에 종교 숭배자들을 받들어 섬기면 천상으로 돌아가는 길은 영원히 막히니 어서들 정신 차리고 종교를 떠나야 한다.

천상에서 큰 죄를 지어 유배지 행성 지구로 쫓겨 내려왔는데, 죄인들인 종교 숭배자들을 믿어서 천상으로 돌아갈 수 있을까? 절대 불가한 일이다. 대우주를 다스리는 천황님의 나라 태상천의 주인은 세상에 알려진 하나님, 하느님, 상제님, 부처님, 미륵님, 알라신, 천지신명님, 석가, 여호와, 마리아, 예수, 마호메트, 공자, 노자가 아니시다.

그래서 천상으로 돌아가는 길은 지구에서 이곳뿐이기에 이곳 천황님의 나라 태상천이 여러분과 대한민국에게 국가자산 1호, 국가보물 1호인 것이다. 국가자산 1호, 국가보물 1호라 함은 엄청난 의미가 내포되어 있다.

국민 여러분들이 천황님의 나라 태상천을 인정하여 똘똘 뭉치면 천하세계를 정복하고 지배 통치하며 천문학적인 조공을 받아낼 수 있다. 이 나라 국민들의 노후 식생활비, 병원 치료비는 천황님의 나라 태상천에서 부담하기 때문에 걱정하지 않아도 복지천국이 저절로 열린다.

여러분이 사람으로 태어난 이유는 천황님의 나라 태상천에 들어와 천상에서 천황님(하늘)께 지은 죄를 빌어 다시 영생을 누리는 천상으로 돌아가기 위함이다. 천상에서 지은 죄를 천황님(하늘)께 빌지 않고 천상으로 다시 돌아가는 길은 세상 그 어디에도 없다.

세상 사람들은 대우주를 천지창조한 절대자가 종교적 숭배자들인 하나님, 하느님, 상제님, 부처님, 미륵님, 알라신, 천지신명님, 석가, 여호와, 마리아, 예수, 마호메트, 공자, 노자로 알고 있으나 이들은 여러분 독자들을 천상으로 돌아가지 못하게 종교 사상에 가두어 놓고 악랄하게 세뇌시키는 악신, 악마, 악령, 악귀들이다.

대우주를 천지창조한 절대자 하늘은 종교에서 받들어 섬기는 하나님, 하느님, 상제님, 부처님, 미륵님, 알라신, 천지신명님, 석가, 여호와, 마리아, 예수, 마호메트, 공자, 노자가 아닌 천황님의 나라 태상천의 주인이신 천황님이심을 인류 최초로 찾아내었다.

그러니까 종교 안에서 극락, 선경, 천국, 천당으로 보내준다고 수천수만 년 동안 사람들과 조상들, 영혼들을 현혹하고 회유하는 이 세상의 모든 종교들과 종교숭배자들, 종교지도자들은 몽땅 가짜들이고 죄인들이며 사이비이다. 인류 모두가 감쪽같이 모든 종교에 속아온 것이다.

이런 진실을 밝힐 수 있는 천지대능력자는 일반 인간이 아닌 대우주를 지배 통치하시는 절대권력자 천황님의 나라 태상천의 주인이신 천황님 한 분이시다. 여러분이 천상에서 천황님께 대역죄를 짓고 유배지 행성 지구로 쫓겨 내려왔기에 천황님의 나라 태상천에 들어와서 천황님께 죄를 빌어야 천상으로 돌아갈 수 있다.

천황님의 나라 태상천의 주인이신 천황님께서 태건당 방상용 총재 인간 육신으로 공식 강세하시는 천황님 등극식을 천기 24년, 태상용기 70년 7월 6일(행사일은 7월 7일 일요일) 14:00 소서에 거행했다.

자비, 사랑, 자애로움의 나약한 하늘이 아닌 대우주 정복자, 대우주 통치자, 대우주 지배자, 대우주 심판자, 대우주 생살여탈권자의 위상의 관명을 갖는 천황님으로 불리신다. 앞으로 세상은 천황님의 신인류 신인 세상이 본격적으로 펼쳐진다.

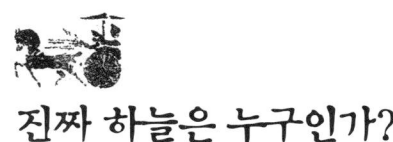
진짜 하늘은 누구인가?

대우주와 지구의 행성인들, 인간들, 삼라만상 만생만물의 생명체를 누가 태초로 창조하였는지 궁금해서 찾아간 곳이 온갖 종류의 종교 세계이다.

종교에서 받들어 섬기는 하나님, 하느님, 상제님, 부처님, 미륵님, 알라신, 천지신명님, 석가, 여호와, 마리아, 예수, 마호메트, 공자, 노자 등이 마치 천지를 창조한 것처럼 세상 사람들의 정신을 빼앗아 갔고, 종교라는 사상의 굴레에 가두어버려 빠져나오지 못하게 막았다.

인간 스스로 진짜 하늘을 찾아낸다는 것은 불가능한 일이다. 수억만 경에 이르는 무수히 많은 악신들이 진짜 하늘로 위장하고 있기 때문에 인간들의 능력으로는 절대로 구분할 수도 없고 검증할 수도 없다.

이 세상에 하늘이라는 곳, 신이라는 곳이 지천에 깔려

있고, 수백·수천·수억만 년의 수많은 세월 동안 인간, 영혼, 조상, 신들이 종교를 세운 악신들에게 세뇌당하여 빠져나오지 못한 채로 진짜 하늘로부터 구원을 받지 못하고 불지옥으로 끌려가고 있다.

진짜 태초의 조물주 하늘은 종교에서 전하고 있는 하나님, 하느님, 상제님, 부처님, 미륵님, 알라신, 천지신명님, 석가, 여호와, 마리아, 예수, 마호메트, 공자, 노자 등이 아니신 대우주 천황님 이외에도 여러 관명이 있으신데, 줄여서 "천황님"으로 불리신다.

이 세상에 태어나 종교를 다니지 않은 사람들이 하나도 없다. 누군가에게 의지하고 싶은 것이 사람의 심리이기 때문에 지푸라기 신에게라도 기대고 싶어 하는 것이 인간들 모두의 욕망들을 이용한 곳이 우후죽순처럼 전 세계 여기저기 세워져 있는 온갖 종류의 종교세계이다.

가짜 하늘을 찾기는 쉬워도 진짜 하늘을 찾기는 거의 불가능하다. 이곳 천황님의 나라 태상천의 저자 육신으로 진짜 하늘이신 천황님이 강세하신 것이 맞지만, 각자 자신들의 눈높이에 맞아야 하는데 그것이 문제이다.

사람들마다 진짜 하늘은 이럴 것이다, 이렇게 생기셨을 것이다, 이러이러한 성품이실 것이다, 이러이러한 신비 능력을 갖고 계실 것이다라고 하늘에 대한 표본 울타리를 자신들 스스로가 만들어 놓았다.

참으로 웃기는 말도 안 되는 조건들이지만 세상 사람들이 스스로 관념의 족쇄를 차고 있다. 그래서 이 책을 통하여 진짜 하늘의 존재인 천황님을 알게 되었어도 의심부터 하게 되고, 그것도 모자라 주위 사람들에게 물어보는 어리석은 짓을 범하고 있다.

자신의 능력으로는 판단을 내리지 못하겠으니까 가족, 친구, 지인들에게 조언을 받아보려고 물어볼 것인데, 그들은 하늘의 진실을 알 수도 없고, 알고 있다 할지라도 진실을 모르기 때문에 이런 자들은 이곳에 들어오지 못할 탈락자들이기에 인연이 맺어지지 않는다.

이곳은 진짜 하늘을 찾아다니는 자들에게 고차원적인 세계이기에 들어오기가 까다로운 것이 사실이다. 자신들의 순간적인 어떤 불행에서 벗어나기 위해서나 세상 살아가는데 어떤 이득만 취하려고 잠시 스쳐 가는 그런 사람들은 인연이 오래가지 못한다.

인간 육신으로 하강 강림하신 진짜 하늘이신 천황님과 함께 할 자들만 들어올 수 있는 곳이다. 현재 종교에서 받드는 모든 숭배자들은 이미 모두가 죽은 자들인데, 신으로 격상시켜서 받들고 있다.

석가의 기운 3,051년, 예수의 기운 2,024년은 이미 기운이 다 되어 무너져 내리고 있다. 저자 육신으로 하강 강림하신 태초의 조물주 하늘께서 천기 24년, 태상용기 70년 7월 6일 천황님으로 등극하시었기에 이 세상의 모든 종교들은 빠르게 무너져 내리게 된다.

대우주와 지구의 정복자, 지배자, 통치자, 심판자, 생살여탈권자, 죄사면권자, 창조와 파괴, 탄생과 죽음, 흥망성쇠와 길흉화복, 성공과 출세, 천국과 지옥, 삼라만상을 기운으로 관장하시는 하늘이 천황님으로 등극하셨다.

이제까지 선천세상은 종교 숭배자들인 하나님, 하느님, 상제님, 부처님, 미륵님, 알라신, 천지신명님, 석가, 여호와, 마리아, 예수, 마호메트, 공자, 노자 등이 세상을 지배하였지만, 앞으로 세상은 태초의 조물주 하늘이신 천황님이 인간 육신으로 내리시어 세상을 정복하고 지배 통치하며 다스리는 신인류 세상이 활짝 열린다.

제5부
하늘이 천황님으로 등극

천황님으로 등극하기까지 70년 세월

저자가 하늘의 명 대행자, 하늘의 화신, 분신, 현신의 역할을 70년 동안 하다 보니 천기 24년 태상용기 70년 7월 6일에 하늘과 한 몸으로 일심동체가 되는 천지인 천황님으로 등극하였다.

천황님으로 등극한다는 뜻은 기존의 천상과 지상의 모든 크고 작은 신들과 여러 인신으로 받들고 있는 종교 숭배자들을 정복하여 평정하고, 신앙의 숭배 대상자들의 시대는 완전히 끝나고 천황님 시대가 본격 열린 것이다.

이것이 종교 정복이자 종교 통일이다. 종교에서 지극 정성으로 받들던 하느님, 하나님, 옥황상제님, 구천상제님, 천지신명님, 부처님, 미륵님, 알라신, 석가, 여호와, 마리아, 예수, 마호메트(무함마드), 공자, 노자, 강일순, 조철제, 박한경 등의 종교 기운을 몽땅 거두어들이고, 천황님 하나로 통일하는 천지대공사가 집행되었다.

하늘과 땅, 인간 육신이 하나되는 천황님 등극식이 7월 7일 있었다. 천황님 등극식으로 지구와 대우주에 있는 온갖 종교의 기운들이 괴멸되어 사라진다. 종교를 믿을수록 인생이 망가지고 온갖 심한 고통과 불행의 날이 찾아오기에 더 이상 종교를 다닐 수가 없는 상황이 온다.

사우디 메카에서 6월 14일 이후 5일 동안 성지순례(하지) 기간 중에 2,210명이 폭염으로 죽었다. 작년에는 200명이 죽었고, 올해는 11배로 더 많이 죽었는데, 이것이 종교 기운 괴멸 때문이다.

이제는 전 세계 어디에서든 그 어떤 종교든지 종교를 믿으면 자신의 목숨을 내 놓아야 하는 위급한 사태가 벌어진다. 또한 각자의 인생도, 가정도, 사업장도 몰락하는 무서운 죽음의 기운만이 흐른다. 종교가 여러분 자신과 가정, 사업, 조상님들까지 죽음으로 내몰고 간다.

인생의 가장 큰 실패가 종교를 믿는 것이고, 인생의 가장 큰 성공과 출세가 종교 정복자, 종교 통일자, 세계 통치자 천황님과 함께하는 인생길이다. 종교 믿으면 현생뿐만이 아니라 내생까지 영원한 죽음과 불지옥의 고통만이 이어지기에 육신 살아서 종교를 탈출해야 한다.

저자는 인류 최초로 진짜 태초의 조물주 하늘을 찾아내고, 천황님의 나라 태상천을 찾아내기까지 70년의 세월 동안 모진 고난의 가시밭 인생길을 걸어왔고, 마침내 하늘을 찾아 하늘과 일심동체가 되어 천황님으로 등극하는 경천동지할 거대한 뜻을 이루었다.

이제부터 태초의 조물주 하늘은 종교에서 부르던 하느님, 하나님, 옥황상제님, 구천상제님, 천지신명님, 부처님, 미륵님, 알라신, 석가, 여호와, 마리아, 예수, 마호메트(무함마드), 공자, 노자, 강일순, 조철제, 박한경이 아닌 천황님 하나로 통일하였다.

종교를 믿으면 사후세상을 보장받고 잘 되는 것이 아니라 불지옥에 입문하는 것이고, 조물주 하늘이신 천황님의 보호를 전혀 받지 못한다. 현생과 내생의 절대자가 천황님이시기에 어디에 줄을 서야 하는지 각자들과 조상들이 더 잘 알 것이다.

무수히 많은 종교 숭배자들과 종교지도자들이 여러분에게 그동안 무엇을 가르쳤고, 무엇을 안겨주었는지, 무엇을 얻었는지 뒤돌아봐야 한다. 종교를 믿는 것이 정말 잘한 일인지 스스로가 생각해 봐야 한다.

이 책을 읽고 저자와 인연이 되는 독자들은 죽음 이후 사후세계 걱정을 전혀 하지 않아도 된다. 천상의 태상천으로 모두 올라가기에 지옥을 면하고 이상향의 유토피아 무릉도원의 삶이 보장되고 죽지 않는 영생을 누린다.

지구와 대우주, 천상과 지옥, 만생만물의 조물주, 정복자, 통치자, 지배자, 심판자의 이름이 천황님 하나로 통일되었다. 독자들이 수천수만 년 동안 종교적으로 섬겨오던 모든 신앙의 숭배자들은 천상의 역천자, 도망자, 반란자들이기에 믿으면 조물주 하늘 천황님과 원수가 된다.

천기 24년, 태상용기 70년 7월 6일(음력 6월 1일)을 기점으로 지구와 대우주의 기운이 몽땅 바뀌었다. 수천수만 년 동안 부흥 번창하였던 전 세계의 모든 종교 기운들이 괴멸되고 천황님의 나라 태상천 하나만 남는다.

하늘의 도망자 악신과 악마, 악령, 악귀들이 세운 종교 기운들이 괴사되니 당연한 결과이다. 종교 기운들이 괴멸되었기 때문에 종교를 믿으면 자신과 여러분 가정에 온갖 풍파와 불행들이 끊이지 않고 일어나게 되니 하루라도 빨리 종교를 탈출해야 한다.

천황님으로 등극하는 날

　대우주와 지구, 인류와 삼라만상을 창조하신 태초의 조물주 하늘께서 저자 인간 육신으로 하강 강림하시어서 하늘이란 관명을 벗고 "천황님"이란 관명을 갖게 되시었다. 천상의 태상천에서는 관직에 따라 여러 이름으로 불리시지만 지구 행성 천황님의 나라 태상천에서는 천황님으로 불리신다.

　이제까지 종교에서 섬겨왔던 하느님, 하나님, 상제님, 부처님, 미륵님, 천지신명님, 알라신, 라마신의 시대는 저물어 가고 천황님 시대가 본격적으로 열리는 것이다.

　천황님과 기존의 종교 숭배자들과 다른 점은 천황님은 대우주와 지구, 인류, 영들, 신들, 축생들, 삼라만상을 창조하신 태초의 조물주 하늘 자체이신 선이시고, 기존의 종교 숭배자들은 천상에서 태초 하늘 천황님을 배신하고 역모 반란을 일으킨 역천자 악신들이라는 점이 다르다.

세상 사람들은 종교에 숨겨진 무서운 내용을 알지 못하기 때문에 돈 바치고, 세월 낭비하며 열심히 다니고 있는 것인데, 이제라도 정신 차리고 악신들의 굴레에서 벗어나 선이신 천황님 품에 안겨야 한다. 독자 여러분의 영혼과 육신을 창조한 태초의 부모님이 천황님이시다.

하나님, 하느님, 상제님이 하늘이 아닌 악신에 불과하다. 천황님은 이런 진실을 세상에 밝히기 위해서 인간 육신으로 오시어 천황님으로 등극하시기까지 70년 동안 세월을 기다려 마침내 뜻을 이루시었다.

공식적으로 천기 24(2024년)년 7월 6일, 음력 6월 1일 소서 토요일인데, 태초의 조물주 하늘께서 인간 육신으로 하강 강림하시어서 천황님으로 등극하시어 신인류 후천세상을 열어 가시는 날이다. 토요일인 관계로 천황님으로 등극식 행사는 일요일 7월 7일 14:00 송파의 천황님 나라 태상천에서 거행되었다.

이 세상 사람들은 종교에서 전하고 있는 하나님, 하느님, 상제님, 부처님, 미륵님이 대우주와 삼라만상의 만생만물과 천지인을 창조한 전지전능의 하늘인 줄 착각하고 있지만 이들은 천황님을 사칭한 배신자이자 반란군 역천자인 악신, 악마, 악령, 악귀들에 불과하다.

지구에 인류가 탄생하고 천황님이 인류의 소원성취 발원에 응답하신 적이 한 번도 없으시다. 악신들인 하나님, 하느님, 상제님, 부처님, 미륵님이 태초의 조물주 하늘이신 천황님을 사칭하여 세상을 지배해왔던 것이다.

처음 들어 보는 하늘의 진실에 어안이 벙벙하고 받아들여야 하나 말아야 하나 갈등할 사람들도 많을 것인데, 이것 역시 각자들의 판단이고 자유이다. 새로운 진실을 전하는 것이니 선택은 각자들의 몫이다.

천황님과 함께 살아가는 세상은 또 다른 기쁨과 행복이 있고, 사건사고와 재난의 중심에 서 있지 않도록 항상 무소불위하신 천지인의 기운으로 보살펴주신다. 사람들이 가장 두려워하는 죽음도 무섭지가 않고, 지옥에 떨어질까 봐 걱정하지 않아도 된다.

태초의 조물주 하늘이신 천황님과 저자가 한 몸이 되어 천황님으로 등극하기까지 70년의 세월이 걸렸다. 아픔과 슬픔, 고통과 불행의 피나는 고난의 가시밭길을 걸어온 결과이다. 인류가 종교 울타리에 갇혀서 대우주의 주인이 누구인지 모르고 살아왔으나 이 책을 통하여 천황님이시란 진실을 알게 되었으니 얼마나 다행인가?

여러분과 인류 모두의 현생과 내생을 천지인의 기운으로 좌지우지하시는 절대권자 천황님은 창조의 신이시고, 대우주 행성들과 행성인, 지구인, 삼라만상을 창조하시었으며 대우주 정복자, 지배자, 통치자이시고, 죄사면권, 생살여탈권, 성공과 실패, 천국과 지옥을 다스리신다.

악신들의 세상인 종교에서 벗어나 천황님의 나라 태상천으로 들어와야 살아서든 죽어서든 힘한 꼴을 보지 않는다. 육신의 죽음 이후 무섭고 두려운 사후세상을 어떻게 살아가려고 종교에만 매달려 있는 것인가?

이 세상에 태어나서 천황님을 만나는 자들이 가장 행복하고 성공한 자들이다. 돈 많고 권력이 높고 명예가 높다고 성공한 것이 아니라 대우주의 주인이신 천황님을 하루라도 빨리 만나서 지옥세계로 들어가는 문은 단단히 막고, 천상으로 올라가는 문을 활짝 열어야 한다. 독자 여러분이 죽어서 천국으로 갈 것인가? 지옥으로 갈 것인가는 천황님의 판결 사항이시다.

천황님의 기운을 받고 살아가야

　신선한 창조의 기운을 받고 살아가느냐, 죽은 종교 귀신들과 악신들의 기운을 받고 살아가느냐는 엄청난 차이가 있다. 종교 숭배자들을 믿고 따르는 것은 종교 귀신들과 악신들을 섬기고 받드는 것이기에 불행뿐이다.

　이제까지 수억만 년의 지구 역사와 인류 역사가 있었지만 대우주를 창조하신 절대자이신 태초의 조물주 하늘이신 천황님의 존재를 아무도 찾아내지 못하였고, 종교 귀신들과 악신들만 열심히 받들어 섬겨왔다.

　너무 오랜 세월 종교 귀신들과 악신들에게 사상적으로 빙의되어서 무슨 말을 해도 안 받아들이고, 안 믿을 지경에 다다랐다. 계란으로 바위치기라고 할 정도로 무모한 일일 수도 있지만, 진실은 변하지 않는 법이다.

　천황님은 대우주를 창조하신 절대자이시고, 지구인 인

류와 영들, 신들, 축생들, 만생만물들의 모든 생명체를 창조하신 영혼과 육신의 부모님이시다. 천황님은 저자 육신을 통해서 실시간으로 천지대공사를 집행하신다.

그리고 독자 여러분이 저자 육신으로 내리신 천황님을 알현한다는 자체가 기적이자 대행운이다. 천황님의 기운에 따라 모든 생명체들의 길흉화복 운명이 좌우된다. 육신이 살아 있느냐, 죽었냐에 따라 삶이 달라지지만, 사후세상의 운명을 바꾸려면 육신이 살아있어야 한다.

육신이 있고 없고의 차이

신과 영들은 인간 육신이 없으면 집을 잃어버리는 것이기에 인간 육신의 죽음을 두려워한다. 그래서 신과 영들도 인간 육신을 서로가 잘 만나야 한다. 이 세상 사람들 모두가 때가 되면 모두가 죽어야 하고 신과 영들도 인간 육신과 이별해야 한다.

신과 영들에게 천황님으로부터 구원받을 수 있는 시간은 인간 육신이 살아 있는 동안뿐이다. 인간 육신이 신과 영들을 위해서 천황님이 내리시는 명을 받들어 행해야 하기 때문에 사람을 잘 만나야 한다. 조상들도 자손 잘 만나야 허공중천을 떠도는 비참한 귀신이 안 된다.

육신 살아서 천황님을 알현한다는 자체는 금전으로 환산할 수 없는 엄청난 값어치가 있다. 여러분 자신과 가정, 가문, 기업, 가게의 운명이 천황님의 무소불위하신 기운으로 송두리째 바뀌는 신비함이 있다.

경험하지 못한 사람들은 이해가 안 될 것이기에 아무리 설명해도 소설로 생각해 버리기 일쑤이다. 대우주와 지구, 인류와 영들, 신들, 축생들, 모든 만생만물들을 창조하신 천황님은 불가능이 없으신 분이시다.

진심으로 공경하는 마음으로 천황님이라고 부르는 것만으로도 기분 좋은 일들이 일어난다. 어떤 마음으로 천황님이라 부르는지 모든 속마음을 다 알고 있으시기에 천지인의 기운을 자유자재로 내려주신다.

이제부터는 하나님, 하느님, 상제님, 부처님, 미륵님의 세상이 아닌 천황님의 세상이다. 신인류로 재창조되려거든 천황님과 함께 살아가야 한다. 종교에서 해결할 수 없었던 일들이 천황님의 기운으로 해결되는 신비함이 있다.

천황님과 함께하면 신나는 세상에서 살아간다. 근심 걱정도 사라지고 좋은 일들만 생긴다. 그리고 이 세상만 잘살려고 발버둥 치지 말고 죽음 이후 다음 세상을 어떻게 하면 잘 살아갈 것인지 철저히 준비해야 한다.

천상에 자신들이 머물 수 있는 거처를 마련해야 할 것인데, 준비해 놓은 사람들이 있을까? 천상세계도 인간세계처럼 각자들이 살아가는 크고 작은 주택들이 있다. 원룸형부터 오피스텔, 연립, 단독, 아파트, 고급빌라, 저택, 소궁전, 대궁전이 있는데, 천상의 집을 어떤 것으로 마련할 것인지 인간 육신들이 선택해야 한다.

천상에는 지상에 있는 모든 물건들이 똑같이 있고, 추가적으로 생소한 물건들도 엄청 많다. 과학문명 발달이 천상에서부터 시작되었기에 지구문명보다 수억만 년 앞서 있는데, 인간세상에서는 상상의 세계이지만 천상에서는 실제로 존재하는 세상이다.

천황님의 좋은 기운을 받고 살아갈 것인지, 종교 귀신들과 악신들이 뿌려대는 나쁜 기운을 받고 살아갈 것인지 여러분이 선택해야 한다. 종교 열심히 믿는 사람들에게 한마디 하자면 허송세월, 돈 낭비, 인생 낭비, 정력 낭비뿐이고, 천국은 고사하고 천황님의 명을 받지 못하면 불지옥만 활짝 열리게 된다.

천황님의 나라 태상천

천황님의 나라 태상천과 천황님의 존재를 찾기 위하여 나는 70년의 세월이 걸렸는데, 세상 사람들이 말하는 태초의 조물주 하늘이시고 관명이 여러 개 중 대표적으로 불리시는 관명이 "천황님"이시다.

대우주에서 가장 높은 태상천의 주인이시기에 천황님으로 불리시고, 태초 조물주 하늘이 대우주의 주인이란 뜻에서 대우주 천황님으로 불리신다. 수많은 외계인 ET 족들과 여러 행성인들은 대우주 천황님으로 부른다.

천황님의 나라 태상천과 태초의 조물주 하늘이신 천황님을 모르고 찾지 못해서 세계 81억 인류가 온갖 종류의 종교세계에 몰입하여 빠져 있다. 개신교, 기독교, 천주교에서 말하는 여호와 하나님, 하느님이 진짜 태초의 조물주 하늘인줄 착각하여 열심히 믿고 있다. 이들은 예수가 재림한다고 믿고 있으나 예수 재림 따위는 없다.

이슬람교 무슬림(남 신도), 무슬리마(여 신도)들은 예언자 마호메트(무함마드)에 의해서 창시된 알라신을 조물주 하늘로 숭배하고 있는데, 이슬람교는 개신교, 가톨릭, 힌두교와 함께 4대 종교에 속한다.

불교에서는 깨달음의 경지에 오른 석가를 부처님으로 받들고 있으며 부처 다음에는 후천선경을 열어갈 미륵님의 시대가 온다고 믿고 있다. 석가는 인도 조상인데 정작 인도인들은 라마신과 시바신을 숭배하는 힌두교를 믿는다.

도교 쪽에서는 동학의 창시자 최수운이 창시한 천도교, 강일순이 창시한 증산도, 태극도를 창시한 조철제, 대순진리회를 창시한 박한경, 중국의 옥황상제와 도가의 태상노군, 우리나라 무속신앙의 천지신명과 크고 작은 종교들이 많이 있다.

국내 종교 분포를 보면 불교 15.5%, 개신교 19.7%, 가톨릭 7.9% 3대 종교가 43.1%이고, 나머지는 여러 민속신앙과 도교 및 기타 종교들이다. 세계 종교는 개신교, 가톨릭, 이슬람교, 힌두교, 불교 순이다.

세계 81억 인류 거의 대다수가 어떤 종교에 심취해 있는데, 진짜 하늘이 아닌 가짜 하늘 앞에 줄을 서 있는 것이다. 천황님의 나라 태상천을 찾지 못하여 태초의 조물주 하늘이신 천황님을 몰라보고 엉뚱한 곳에 줄을 서 있다.

유불선통합 천황님의 나라

천황님의 나라 이전에 이 세상에 알려진 모든 종교들보다 가장 우위에 있는 곳이 천황님의 나라이다. 세계 인류가 수천 년 동안 받들어 숭배하고 있는 여호와 하나님, 여호와 하느님, 마리아, 예수, 알라신과 마호메트, 부처와 석가, 동학 창시자 최제우의 수운교(천도교), 나철의 단군교(대종교), 구천상제, 옥황상제, 인존상제, 민족종교를 믿고 있는데, 모든 종교의 구심점이 천황님의 나라이고, 태초의 조물주 하늘이 천황님이시다.

처음 들어보는 이론에 어안이 벙벙할 것인데, 강력한 민족과 인류의 구심점인 천황님만이 이 세상을 다스려 나갈 수 있다. 이 세상의 모든 종교는 말세에 출현하신 천황님을 알아보기 위한 기초 공부 과정이었다.

이제는 말도 안 되는 지긋지긋한 종교에서 벗어나야 한다. 대우주 천상의 주인은 세상에 알려진 종교 숭배자들이 아니라 태초의 조물주 하늘이신 천황님이시다. 그래서 조상대대로 모태신앙인으로 종교를 열심히 다니며 종교 숭배자와 종교지도자를 믿어봐야 죽어서 가려던 극락, 선경, 천국, 천당으로 올라가지 못한다.

극락, 선경, 천국, 천당의 주인은 태초의 조물주 하늘이신 천황님이시지 종교 숭배자들이 아니기 때문이다. 천황님은 대우주 삼라만상을 창조하시고 다스리시기에 불가능이 없는 무소불위하신 천지대능력자이시다. 인간 육신들인 독자들이 천황님의 존재가 얼마나 위대하시고 대단하신지 모르기에 종교에 머물고 있는 것이다.

독자들은 영생이 가능하다면 도전하고 싶은 사람들이 많이 있을 것인데, 상상 속의 전설로만 알려진 영생이 현실로 이루어질 수 있는 태초의 조물주 하늘이신 천황님을 알현하여 하늘이 내리시는 명을 받들면 천황님 천지인 기운으로 영생이 가능하다. 인류 최초 시도하는 영생이다.

이 책을 읽어보고, 처음 들어보는 내용이지만 수긍이 되어 고개가 끄떡여지고, 절대적으로 공감하고 감동하여 천황님의 나라 태상천에 감사한 마음으로 달려와서 천황님이 내리시는 명을 받들을 깨달은 독자(인간, 영혼, 조상, 신)들은 더 이상 미련하게 일평생 동안 돈과 세월을 더 이상 종교에 바치지 않아도 된다.

어려서부터 모든 종교를 다녀보며 인간, 영혼, 조상, 신들이 원하고 바라는 진짜 태초의 조물주 하늘이신 천황님은 어디 계실까 하고, 일평생을 찾아다니며 수많은 종교인들과 도인들, 무속인들을 만나도 해답을 못 얻어 결국 명산대천을 두루 주유천하 하며 태초의 조물주 하늘과 통신통령하는 득도의 경지에 오르게 되었다.

이때가 25년 전인 1999년 늦은 봄이었다. 기도할 당시 받은 메시지는 인간세상에서 목사, 신부, 스님, 도인, 법사, 무속인들에게도 들어보지 못한 생소한 내용들이었다. 메시지 받은 내용들을 현실로 직접 검증하고 체험해서 태초의 조물주 하늘이 천황님이시란 진실을 밝혀내는 데 25년이란 세월이 걸렸다.

처음에는 하늘의 명 대행자였고, 그 이후에는 하늘의 화신, 분신, 현신이 되었는데, 나중에 알고 보니 나 자신이 태어나는 순간부터 태초의 조물주 하늘인 천황님으로 태어났다는 경천동지할 진실을 나이 70이 되어서야 알아내었다.

이렇게 많은 시간이 걸린 것은 하늘을 사칭하는 악신들이 많이 침범해서 방해하였기 때문에 하나하나 스스로 검증 과정을 모두 거쳤기에 진짜 하늘을 찾아놓고도 25년 동안 피눈물 나도록 확인하는 세월이 필요하였다.

천황님으로 등극하는데 70세가 되어야 한다는 계시가 있어 올해 천기 24년 7월 6일(음력 6월 1일) 소서에 천황님으로 등극식(일요일 7월 7일)을 거행하였는데, 신기한 것은 내 나이 70세인데 천황님으로 등극하는 7월 7일에는 30대 초중반의 나이로 변신하였다.

천황님으로 등극식 때 찍은 사진을 보니 30대 초중반의 어린 모습으로 찍혔다. 참석자들 모두가 놀라서 경악을 하였고, 정말 천황님이 맞으시다고 이구동성으로 말하였는데, 나 자신도 어리둥절하기는 마찬가지였다.

천황님으로 등극식을 하는 동안 순간적으로 35년의 세월이 거꾸로 흘러가는 이적과 기적이 일어난 것이다. 이때 찍은 원본 사진(포토샵 하지 않은 사진)을 태건당 홈페이지 소식란과 네이버 블로그 "천황님의 나라"에 게재하였으니 언제든 볼 수 있다.

인류가 천황님을 찾지 못한 이유

 인류가 46억 년 동안 천황님의 존재를 찾아내지 못한 것은 이 땅에 태어났다 죽은 수천 경에 이르는 모든 인간들과 살아 있는 81억 인류가 모두 천상에서 대역죄를 지은 역천자들이기 때문에 찾을 수가 없었던 것이다.

 이제까지 지구인으로 태어났다 죽은 자들 모두와 현재 살아 있는 81억 모든 인간들 중에서 천상에서 죄를 짓지 않은 유일한 인간이 천상황실 가족 일원인 황태자(황태손) 천손인 태건당 방상용 총재 한 명뿐이다.

 태초의 조물주 하늘께서 지구인들 중에서 순수한 참 인간 진인(眞人)으로 인정하는 유일한 존재가 천황님으로 등극한 저자 태건당 방상용 총재이다. 저자가 천상황실 가족 일원이기에 태초의 조물주 하늘이신 천황님의 존재를 찾게 된 것이고, 천황님으로 등극한 것이다.

천상에서 유일하게 죄를 짓지 않고 지구인들을 심판 및 구원하러 내려온 심판자, 구원자가 천황님의 저자 육신인데, 인류의 숙제로 남아 있는 육체의 영생과 영혼의 영생을 모두 가능케 하시려고 진실을 밝히시는 것이다.

지구 행성에서 영생의 실험 대상자들이 30년 동안 늙지 않고, 20~30대의 젊어진 건장한 청춘으로 회귀한 것이 확인되면 이 나라는 물론 전 세계의 내로라하는 왕이나 대통령, 재벌들과 고위공직자들 부자들, 일반인 가릴 것 없이 서로 빨리 들어오려고 아우성칠 것이다.

나는 70년 동안 하늘의 화신, 분신, 현신, 命(명) 대행자 신분에서 지금은 등극식을 거행한 후에 태초의 조물주 하늘 자체인 천황님이 되었기에 천지인을 다스리는 삼계대권(三界大權)을 거머쥐었다.

그래서 이제 영생의 결실을 확인하는 과정만 남았는데, 짧으면 5~10년, 길면 20~30년의 세월이 필요하다. 천황님으로 등극한 저자의 나이가 올해 70세인데, 천황님 등극식을 거행하는 날 찍은 사진에서 30대 초중반의 모습으로 급변신한 사진을 태건당(taegeondang.kr) 홈피 소식란에 천황님 등극식 화면 사진을 참고하면 된다.

태초의 조물주 하늘이신 천황님의 천지인 삼계대권의 기운이 얼마나 대단하신지 천황님 등극식에서 저자 육신의 모습이 갑자기 70세에서 40년 젊어진 30대 청춘으로 회춘하는 장면들을 천지인 기운으로 생생히 보여주시었는데, 신하들은 물론 밖에 사람들도 난리가 났다.

청춘의 모습으로 바뀐 저자를 보고 신비한 눈으로 마냥 바라보고 있다. 어떻게 하면 그렇게 젊어질 수 있느냐고 이구동성으로 묻는데, 이런 변신 자체가 영생하는 태초의 조물주 하늘이신 천황님의 천지인 삼계대권의 기운이고, 영생할 수 있다는 것을 현실로 보여주신 것이다.

약을 먹거나 성형한 것도 아니고, 포토샵한 것도 아닌 찍힌 사진 그대로이다. 저자 자신도 갑자기 젊어진 모습에 놀랍기는 마찬가지이다. 평소에 흔한 로션이나 크림조차 안 바르고 살아가고 있는데, 보는 사람들 마다 주름살이 하나도 없고 피부가 탱탱하다고 칭찬이 자자하다.

천황님으로 등극한 저자가 30년 안에는 이 나라의 대통령이 되어 있을 것이고, 영구 집권하는 천제군주가 되어 전 세계를 통일한 정복자가 되어 있을 것이다. 태초의 조물주 하늘이신 천황님의 천지인 삼계대권의 기운에 의해서 피 한 방울 흘리지 않고 세계를 통일한다.

한편 신비스럽기도 하고, 또 다른 한편으로는 두렵고 무섭기도 하기 때문이다. 강요가 아닌 세계 국가들의 자발적인 세계 통일이다. 세계인들이 영생의 능력이 검증된 이후에는 모두가 자발적으로 감복 안할 수가 없다.

이 세상의 종교는 모두가 사라진다. 천황님을 따르는 신하들인 신인류 선인, 천인, 신인, 도인들이 저자와 함께 영생한 것이 사실로 확인되면 전 세계 유명 인사들은 저자를 만나려고 아우성을 칠 것이고, 묻지 마 영생을 위해 온갖 수단 방법을 다 동원할 것이다.

나의 신하들은 시간과의 기다림만 남아 있다. 100년, 1,000년, 10,000년이 흘러가도 20~30대의 모습으로 살아가고 있을 것이고, 모든 경제적인 금전 고통에서 벗어나 부유하게 살아가며 기쁨과 행복, 즐거움을 맛본다.

지상천국, 지상낙원, 유토피아, 이상향의 무릉도원 세상이 어떤 것인지 생생히 체험한다. 영생은 천황님의 고유영역이고, 아무도 흉내 낼 수 없고, 저자와 신하들은 날이 갈수록 계속 젊어진다.

대우주의 주인 천황님

　지구와 인류 그리고 대우주 수많은 행성들과 외계인들, 천지만생만물과 산천초목을 누가 창조하였는지 인류 모두가 궁금하였고, 종교에서는 하나님, 하느님, 하늘님, 상제님, 알라신, 천지신명님이라 생각하며 각 종파들마다 종교 숭배자로 받들어 섬겼다.

　물론 지구와 인류를 정복하려는 천상의 반란군이자 도망자 역천자 악신, 악마, 악령, 악귀들이 인간 정신을 지배하여 자신들이 하늘이라고 메시지를 보내서 숭배하게 만들었던 것이 현재의 지구상 모든 종교들이다.

　인간들의 영적 능력으로는 하나님, 하느님, 하늘님, 상제님, 알라신, 천지신명님이 진짜인지 가짜인지 구분하고 판별할 수 있는 능력자가 없기에 이들이 당당하게 1,414년, 2,024년, 3,051년 동안 인류의 정신을 지배 통치하며 악신, 악마, 악령, 악귀들의 세상을 만들었다.

이들이 진짜인지 가짜인지 구분하고 판별할 수 있는 능력은 태초의 조물주 하늘이신 천황님 이외에는 어느 누구도 진위여부를 구분하고 판별할 수 없기에 세계 81억 인류를 상대로 완전 범죄를 저질러왔던 것이다.

꼬리가 길면 잡히듯이 악들의 세상이 영원할 것 같아도 시작이 있으면 끝이 있기 마련이다. 천황님의 존재가 밝혀지기 전에는 종교숭배자들과 종교지도자들이 모두 극진히 대우받았지만, 이들을 응징하시기 위해 천황님으로 등극하시었기에 이제 심판받을 일만 남았다.

이제부터는 종교를 다니거나 열심히 믿는 사람들, 영혼들, 조상들, 신들은 몽땅 불지옥 압송 0순위들이고, 이들은 살아서도 죽어서도 영원히 구원받을 수 없다.

이제까지 악신, 악마, 악령, 악귀들이 세운 지구 행성의 모든 종교를 믿은 인간, 영혼, 조상, 신들은 인간 육신이 죽으면 천상 극락, 선경, 천국, 천당이 아닌 동두칠성에 있는 7개 별의 제1별 천옥도, 제2별 천옥도, 제3별 적화도, 제4별 한빙도, 제5별 지옥도, 제6별 지옥도, 제7별 지옥도도 압송되어 고문형벌을 받다가 축생계로 윤회시켰다 다시 잡아들여 여러 지옥도를 전전한다.

지금은 육신이 살아 있으니 지옥세계가 어떤 곳인지 실감이 안 나서 반신반의하며 부정하고 무시하겠지만 실제로 지옥의 형벌을 받으면 기절초풍하고 까무러친다. 지금은 종교 믿은 것이 뭐가 잘못되었느냐고 항변할 사람들이 거의 전부이고, 오히려 내게 벌받을 거라고 악담과 저주를 퍼부을 사람들이 대부분일 것이다.

이들은 지구에 왜 사람으로 태어났는지조차 몰라보고 살아가는 저차원의 사람들이다. 천상에서 살았을 때 하늘을 배신하고 역모 반란에 가담한 역천자 대역죄인들 주제에 왜 죄도 빌지 않고 천상으로 돌아가려 하는가?

종교에서 전하는 각 종파의 종교 숭배자들을 열심히 믿으면 죽어서 극락, 선경, 천국, 천당으로 올라갈 거라고 믿는가? 그렇다. "굳게 믿습니다"라는 강한 신념을 가졌기에 그곳이 지옥세계 입문 0순위인 줄도 모르고 아주 열심히 믿고 있는데, 머지않아 죽으면 그곳이 가장 무서운 불지옥이란 것을 알게 된다.

육신이 죽지 않고 살아서 이 글을 읽는다는 것은 천운아, 행운아들인데, 어떤 행동을 보일지가 관건이다. 글만 읽어보고 대수롭지 않게 생각하는 사람들은 구제불능이고, 이제라도 자신들이 믿는 종교가 악들이 세운 것이란 진실을 자각하고 뉘우쳐 천황님의 나라에 귀의한다면 구제받을 길이 열린다.

그런데 일평생을 조상대대로 믿어오던 종교세계를 바꾸기란 참으로 어려운 일이다. **뼛속까지** 종교인인데 이것이 바뀌어질까? 지옥에 떨어진다 하여도 감수하겠다고 말할 자들이 많을 것이다.

이들은 지옥이 무슨 소풍 가는 정도로 잘못 알고 있는 멍청한 자들이다. 24시간 잠도 안 재우고 무시무시한 고문형벌을 집행하는 곳이 지옥세계인데, 형벌을 집행하는 산하 지옥도는 수백억 개에 달한다. 형벌의 종류가 1,800만 가지로 다양하고, 사극 드라마에 등장하는 고문은 기본 형벌에 속한다.

지금 종교를 다니는 사람들은 이 글을 읽어보고 공감하고 깨달은 사람들은 종교를 벗어나 천황님의 나라에 들어올 시간이 충분하다. 이런 글을 읽고도 무시하고 부정한다면 더 이상 권유할 필요가 없고, 정해진 수순대로 불지옥도에서 형틀에 묶여 비명을 지르며 살려달라는 절규가 옥사 안에 가득 울려 퍼질 것이다.

천황님에게 숨겨 놓은 복덩어리

이 세상에 태어나 살아가는 사람들은 저마다 타고난 역사적 사명감이 있기에 이유 없이 태어난 사람은 하나도 없다. 국가와 국민을 잘살게 해주기 위해서 태어난 사람들과 전생의 원수를 찾아 복수하기 위해 태어난 사람들, 지옥에 떨어져 고통받는 자신들의 부모 조상님들을 구해 주기 위해서 태어난 사람들, 태초 하늘이신 천황님을 만나 구원받아 천상으로 오르려는 사람들도 있다.

어디 가야 진짜 하늘의 진리를 찾을 수 있는지 몰라서 허송세월 보내는 사람들이 많다. 세상이 기다리던 구원자 하늘은 이미 육신을 빌려 천황님으로 강세하였지만, 주파수를 맞추지 못하여 알아보지 못하고 있을 뿐이다.

온통 종교세계 안에서 종교사상과 교리의 눈높이에 맞추어 찾으려 하니까 하늘이 안 보이고, 안 들리는 것이다. 냄새도 소리도 없는 무색무취의 태초 하늘이신 천황님을 인간 육신들이 무슨 재주로 어떻게 알아보겠는가?

이마에 내가 "태초 하늘 천황님이요"라고 써 놓지 않았기에 사람들은 알아볼 수가 없는 것이다. 무색무취의 태초 하늘이기에 기운으로만 알아볼 수가 있는 것이다.

각자 타고난 저마다의 사명 중에서 부모 조상님을 구하려는 자들과 태초 하늘로부터 구원받아 지옥에 떨어져 모진 고통을 받지 않고, 죽음과 동시에 천상 태상천에 올라가 영생하려거든 천황님의 나라 태상천에 들어와야 한다.

종교에서 풀지 못한 구원의 모든 비밀이 이곳에 감추어져 있다. 종교인들의 능력으로는 하늘세계, 천상세계, 사후세계, 영혼세계, 신명세계, 조상세계, 윤회세계, 종교세계, 인간세계의 숨겨진 진실을 풀어내지 못한다.

인간들이 원하고 바라는 모든 복을 태초의 조물주 하늘이신 천황님이 갖고 있으시기에 하늘의 근본도리를 이행하는 사람들이 천복만복을 받게 되어 있다. 그래서 하늘이신 천황님을 찾으려는 사람들이 종교를 다니고 있지만, 종교 안에 있으면 천황님이 보이지도 들리지도 않는다.

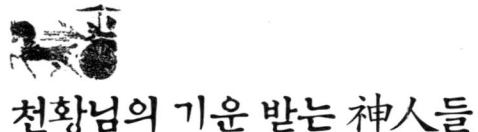
천황님의 기운 받는 神人들

　대우주에는 엄청난 신들이 살아가고 있고, 능력과 아이큐가 천차만별로 다양하다. 각기 몸담은 분야에서 정복자로 세계 1인자가 되려거든 천황님의 명을 받아 천상 신명과 하나로 합체하면 그 뜻을 이룰 수 있다.

　인간이 할 수 없는 불가능한 영역의 일들을 천상의 신들이 해 주기 때문이다. 인간의 아이큐는 80~276 사이인데, 천상의 태상천에 고지능 아이큐를 가진 신들의 능력은 상상 초월이고 신비로움 그 자체이다.

　신에게 비는 이유가 여기에 있다. 인간들보다 능력이 월등히 낫기 때문에 신을 찾아다니면서 비는 것이다. 신들 중에서 가장 무소불위의 절대 능력자가 대우주 행성과 지구 행성 창조, 인간, 영혼, 신들, 축생들 창조, 만생만물의 생명체를 창조한 조물주 하늘이자 지구와 인류, 대우주 정복자, 대우주 통치자, 대우주 지배자, 대우주 심판자, 대우주 절대권자, 대우주 구원자가 천황님이시다.

고지능 아이큐를 가진 천상의 신들을 인간 육신으로 하강시켜서 하나로 합체하면 반신반인(半神半人)이 되는데 이를 신인(神人)이라 부른다. 신인(神人)이 되면 인간의 능력으로 할 수 없는 불가능한 일들이 신비의 힘에 의해서 일사불란하게 해결된다.

어떤 한 분야에서 초인적인 능력이 분출되는 것이다. 즉 상상조차 못했던 참신한 아이디어가 샘솟듯 분출한다. 인간들이 아무리 머리를 써도 생각해 내지 못하는 일들을 신들은 쉽게 생각해 낸다.

예를 들면 학생들이 시험을 보는데, 배운 문제이지만 정답이 생각나지 않았을 때 떠오르게 해준다든가, 배우지 않은 모르는 문제가 출제되었더라도, 신들은 이미 정답을 알고 있기 때문에 망설임 없이 정답을 쓸 수 있다.

전 과목 100점 받는 것이 어렵지 않을 것이다. 학부모들이 학원에서 자녀들을 열심히 공부시키는 것 보다, 나이가 가장 어린 유치원생 시절부터 천상 신명들과 신인합체부터 시켜주는 것이 훨씬 좋다. 이곳에서 신인합체하여 신인이 되면 무당들처럼 점을 보고 굿을 하는 저급한 신명이 아니라 머리를 똑똑하게 해주고, 아이큐를 높여주며 해당 분야에 최고의 고차원적 신들이니, 남들보다 앞서서 행하여 지능 높은 신인(神人)이 되는 것이 좋다.

시험문제가 출제되어도 인간은 정답을 다 모를 수 있지만 천상의 고차원적인 신들은 문제의 정답을 이미 다 알고 있기에 100점 받는 것이 쉽다. 한 치 앞도 알 수 없는 인생길에 든든한 길잡이 되어 줄 신명들이니 인생을 살아가는데, 천군만마를 얻은 것과 같다.

학부모가 일일이 간섭하고 통제할 수 없는 아이들을 천상의 고차원적인 신명들이 자연스럽게 통제해 주니 학부모들이 신경 쓸 일이 적어진다. 천상신명들이 아이들의 가정교사가 되어주니까 금상첨화이다.

어려서부터 자녀들을 정치인, 국회의원, 시·군·구청장, 시·도지사, 대통령, 고위공직자, 사업가, 재벌, 판사, 검사, 변호사, 의사, 축구 선수, 야구 선수, 골프 선수, 가수, 탤런트, 배우 등 전문가로 키우려고 과외 공부를 시키고 있다.

머리 똑똑하게 만들어 공부 잘하고 시험성적 쑥쑥 올라가도록 하는 두뇌 회전 비결, 아이큐와 이큐 높여 세계적인 최고의 천재, 수재, 영재로 만들 수 있는 신령스런 길이 천상의 고급 신명들과 신인합체하는 것이다.

유치원 시절부터 진출시키려는 해당 분야의 고차원적인 천상의 전문가 신들과 하나 되게 하는 신인합체(神人合體)를 행하여 신인류 신인(神人)이 되면 일취월장하여 뛰어난 두각을 나타내 목표를 달성할 수 있다.

신인합체는 아이가 3~4세로 어릴수록 좋다. 나이가 어리면 영이 맑기 때문에 천상의 신들과 합체가 잘 되고, 전하는 메시지를 여과 없이 잘 받기 때문이다.

자식들의 앞날을 부모가 마음대로 할 수 없다. 부모의 마음과 자식의 마음이 다르기 때문에 부모 자식 간에 많은 다툼이 일어난다. 신인류 신인(神人)으로 재탄생시키는 것이 자식 걱정 끝, 시험 걱정 끝, 공부 걱정 끝이다. 신과 하나 되어 살아가는 인생길이 성공하는 지름길이다. 신인류 신인(神人)들은 죽으면 최고 높은 태상천으로 직행하여 영생하기에 지옥에 떨어질 걱정을 안 해도 된다.

재산을 사후세계로 가져간다?

 이 나라의 국민 모두가 태건당원이 되어야 하지만, 특히 가진 것이 많아 지킬 것이 많은 지식인들과 상류층들은 반드시 태건당원이 되어야 현재 누리고 있는 부와 권력, 명예, 건강을 오래도록 지킬 수 있다.

 온갖 종교 숭배자들의 기운이 아닌 태초의 조물주 하늘 절대자의 기운만이 부와 권력, 명예, 건강을 오래도록 죽음 이후 사후까지 보전할 수 있다.

 특히나 사후세상을 보장받을 국민들은 종교를 탈출하여 태건당 방상용 총재를 알현해서 지옥을 면하는 천상 태상천으로 입천의 명을 받아야 한다. 현재 종교 열심히 다니는 사람들은 불지옥 입문 대상자들이다.

 믿기 싫겠지만 인류의 현생과 내생의 생살여탈권을 가진 조물주 하늘이 태건당 방상용 총재 육신으로 하강 강림해 계시기에 100%이다.

수천수만 년 전에 지구 행성에 온갖 종류의 종교를 세운 악신, 악마, 악령, 악귀들은 여러분들이 태초의 조물주 하늘을 알아보지 못해 태건당 방상용 총재와 인연이 닿지 않아 천상으로 돌아가지 못하도록 종교 감옥으로 불러들여 가두어 놓고 세뇌 교육을 시켰다.

이스라엘 민족 조상 귀신인 야훼를 여호와 하나님, 하느님이라고 개신교, 천주교, 기독교를 세워서 전파하였지만, 천상에서 역모가담이란 대역죄를 짓고 지구 행성으로 도망친 악신이다. 이들을 믿고 따르는 마리아, 예수 모두가 이들의 후손들이므로 천상으로 돌아갈 수 없다. 석가 부처, 알라신, 무함마드(마호메트), 천지신명, 산신, 용왕을 믿어도 아무 소용 없고, 천상으로 돌아가지 못한다.

천상으로 돌아가는 열쇠는 태초의 조물주 하늘이 강세한 태건당 방상용 총재 한 명뿐이다. 종교 안에서 세월 낭비, 돈 낭비, 인생 낭비, 정력 낭비하지 말고 어서 빨리 종교에서 해방되어야 한다. 태건당 방상용 총재를 만나는 것은 금전적으로 환산할 수 없는 엄청난 값어치를 지니고 있다.

살아생전 벌어 놓은 그 많은 돈과 재물, 권력과 명예, 사업체를 모두 내려놓고 이 세상을 떠나야 하는 것이 모든 사람들의 정해진 운명 길이다. 각자들이 벌어서 누리는 수많은 돈과 재물, 권력과 명예를 그대로 죽음 이후 사후세계로 가져가는 경이로운 비결을 이곳에 들어오면 찾을 수 있다.

재산은 배우자와 자식들과 국가에 세금으로 넘어가고, 죽은 당사자는 그 많은 돈 한 푼도 쓰지 못하는 처량 맞은 알거지 신세로 전락하고, 하늘이시여 땅이시여 살려달라 구해달라며 애처롭게 울부짖는다.

살아생전 열심히 받들어 섬기던 온갖 종교의 모든 숭배자들의 이름을 목이 터져라 외쳐보아도 대답 없는 메아리만 되돌아올 뿐 아무도 나타나지 않는다. 종교를 세운 악신, 악마, 악령, 악귀들에게 희생당하고 있는 줄도 모르고 수많은 사람들이 열심히 종교를 다니며 악신들인 숭배자들을 믿고 따른다.

2024년 6월 14일 이슬람 최고 성지 사우디아라비아 메카를 찾는 정기 성지순례 하지 기간에 52도의 폭염에 최소 2,210명의 사망자가 발생한 것으로 드러났다.

이처럼 어떤 종교에 빠져서 미치면 약도 없다. 52도의 더위 속에 성지순례를 하다가 폭염으로 죽은 이슬람교도들이 과연 잘한 일일까? 무조건 맹종을 강요하는 사악한 종교에서 어서 빨리 벗어나야 한다.

전지전능한 알라신과 마호메트는 이들의 목숨을 왜 지켜주지 못했을까? 그리고 종교에서 현혹하고 회유하는 죽음 이후 극락, 선경, 천국, 천당으로 가는 길은 종교 안에는 절대로 없다.

죽어서 천상으로 가는 길은 태건당 방상용 총재의 마음에 달려 있다. 천상으로 가는 길은 하늘이 내리는 명을 받아야만 갈 수 있다는 사실을 인류가 모르고 종교만 열심히 믿고 있다.

지구상의 모든 종교는 천국, 천당, 극락, 선경으로 가는 길이 아니라 정반대로 지옥으로 입문하는 지름길이란 진실을 알고 어서 빠져나와야 한다.

지구에서 살아가는 인류에게 가장 큰 복덩어리는 천황님 자체이다. 살아 있는 자나 이미 죽은 자나 천황님이 구세주요 생명줄이다. 천상의 삶인 천생, 앞에 생인 수많은 전생, 그리고 현재의 삶인 현생, 죽음 이후의 사후세상인 내생과 지옥세계의 형벌까지 주재하시는 분이 태초의 조물주 하늘이신 천황님이시다.

무소불위하신 천황님은 삼천대천세계의 삼계대권을 거머쥐시고 천지인을 창조하신 창조의 신이시기에 불가능이 없으신 분이시다. 인간, 영혼, 조상, 신들이 원하고 바라는 것을 모두 갖고 계시고 이루어지게 해주시는 분이 천황님이시다.

불가능이 없으신 무소불위한 창조주 조물주 하늘 천황님이시기에 이 세상에 남겨두기 아까운 돈과 재물도 천상으로 가져갈 수 있게 재물 천고를 윤허를 해주시는 천지조화를 부리시는 것이다.

천상에는 돈이 필요 없는 줄 알고 있을 테지만 지상과 똑같이 일하고 먹고 마시며 자고 녹봉(주급)을 받는데, 지상에서 재물 천고를 고하면 지상의 돈을 천상의 돈으로 환전해서 사용할 수 있게 천상은행에 예치해 준다.

제6부
종교에서 기다리던 하늘

교회의 하나님이 아닌 진짜 하늘

　만성피로와 무기력, 우울증, 불안장애, 무엇으로도 채워지지 않는 외로움, 공허함, 남편의 트집과 큰아들의 건강문제로 힘들고 저의 생명이 서서히 꺼져가는 촛불처럼 작아지고 희미해지고 있다는 것이 느껴지고 저의 다리에 뭔가 매달린 듯 무거워 걸음을 걷는 것이 힘들었습니다.

　위대하신 하늘을 알현하고 조상입천 의식을 올리고 나니 저의 몸과 다리가 가볍고 힘들던 증상이 사라지고 '몸이 안 아픈 것이 이런 거구나' 알게 되었습니다.

　교회, 성당, 절, 도교, 무속을 두루 다녀보았어도 내가 찾는 곳이 아니라는 마음이 들었고, 어디를 찾아가야 내가 찾는 진짜 하늘을 만날 수 있나? 나의 조상님은 지금 어디에 계시는가? 풀리지 않는 의문은 계속되고 내가 죄인이라는 생각이 들어 푸른 하늘을 쳐다보기 힘들어 고개를 숙이고 땅을 보며 걸어 다녔습니다.

너무 답답하고 미칠 것 같고 죽을 것 같은 마음에 내가 더는 버틸 힘이 없고, 살아갈 희망이 보이지 않아 땅을 보며 길을 걷는데, 나의 마음속에서 갑자기 "교회에서 말하는 하나님이 아니고, 제가 찾고 있는 진짜 하늘께서 계시고, 저를 보고 계시면 제가 알아들을 수 있도록 저를 이끌어주세요. 저 좀 살려주세요.

제가 미련하고 부족한데 어떻게든 때려서라도 꼭 알아듣게 해주세요. 제가 알아들으면 이끌어주시는 대로 따라가겠습니다." 간절한 절규의 고백이 나왔습니다.

교회에서 말하는 하나님이 아니고, 제가 찾고 있는 진짜 하늘을 조상구원 입천제(천도재) 의식을 행하면서 찾게 되었습니다. 입천제는 망자가 지옥에 해당하는 서낭 세계에 매여서 고통을 받고 있는 때에 자손으로서 행할 수 있는 최대의 효행 구원 의식입니다.

조상님 구원 입천제를 행하면 병명 없는 질병, 병원에서 치료가 안 되는 온갖 질병들이 말끔히 사라진다는 것을 몸소 실감나게 체험하였습니다. 교회에서 말하는 하나님이 전지전능의 창조주가 아니고, 진짜 조물주 하늘 천황님께서 태상천에 계신다는 사실도 알게 되어 너무나

기쁘고 좋았습니다.

　나 혼자만이 간직하기에는 너무나 흥분되고 가슴 벅찬 대감동이기에 지면의 글을 통해서 세상에 알려드립니다. 말과 글로는 다 설명하기가 어렵고, 자신들이 직접 의식을 해서 기운과 일상의 삶을 통해서 체험해야 합니다.

　사람들은 진실과 거짓의 두 가지 메시지를 받고 살아가는데, 하나는 가짜 하나님, 하느님, 상제님, 부처님, 알라신, 천지신명님인 악이 뿌려 대는 메시지이고, 다른 하나는 진짜 태초의 조물주 하늘 천황님이신 선이 뿌려 대는 메시지란 걸 알았습니다.

　악이 뿌려대는 메시지는 세상에 널리 알려진 기존의 모든 종교세계였고, 선이 뿌려대는 진짜 하늘은 한 곳밖에 없다는 것을 생생하게 체험하였습니다. 천황님의 나라 태상천이 기존 종교세계와 완전히 다른 신선한 하늘세계였습니다.

　현재 천황님의 나라 태상천에 다니는 사람들은 전국 각지에서 찾아온 사람들이고, 모두가 기존 종교를 10년 이상 다닌 경험자들인데, 기존 종교를 통해서는 진짜 하늘을 찾을 길이 없고, 답답하여 책을 읽고 공감하여 천황님의 나라 태상천에 찾아온 사람들입니다.

기존의 사찰, 성당, 교회, 도교, 무속의 종교세계를 통해서는 들을 수 없는 천상의 메시지와 하늘의 메시지를 실시간 라이브로 알려주는 고차원적인 곳입니다. 어떤 경전 내용이 아닌 일상생활을 현명하게 살아가는 비결과 악들과 귀신들로부터 벗어나는 방법을 알려줍니다.

또한 조상령, 악들, 귀신들의 기운으로 인해서 발생한 잘 낫지 않는 질병들을 낫게 해주는 신비한 곳인데, 이곳에 현재 다니는 모든 사람들이 영적인 질병에서 벗어난 산증인들이자 경험자들입니다.

하늘과 함께하는 진정한 길이 무엇인지 알았습니다. 기존의 종교세계를 떠나 천황님의 나라 태상천에 들어와 사후세계에서 고통스러워 힘들어하는 자신의 부모 조상님들부터 구해드리는 조상입천제(천도)의 근본도리를 이행하는 것이란 걸 알았습니다. 자신의 핏줄인 부모 조상님을 구하지 않는 사람들은 대우주 천지창조주이신 태초의 조물주 하늘 천황님과 함께 할 수 없답니다.

하늘은 스스로 돕는 자를 돕는다고 하였듯이, 사후세계에서 지옥세계로 떨어졌거나, 동물이나 가축, 뱀, 물고기, 새, 벌레, 곤충으로 윤회하여 고통스럽게 살아가는 부모 조상님의 은공도 몰라보는 배은망덕한 사람들은 하늘도 거두지 않는다고 하셨습니다.

즉 자신의 부모 조상님을 구하는 근본도리를 외면하고, 살아가면서 자신들이 필요한 수명 장생과 영생, 좋은 것만 얻겠다고 접근하는 이기적인 사람들과는 상대하지 않겠다고 하십니다. 조상님을 구한 사람들만이 하늘의 사랑과 보호를 받을 수 있다는 엄청난 진리를 천황님의 나라 태상천에서 알게 되었습니다.

그리고 인류 모두가 갈망하는 이상향의 유토피아 무릉도원 세계로 알려진 극락, 선경, 천국, 천당은 종교세계를 믿어서는 절대로 갈 수 없다는 것을 알았습니다. 지금 종교를 열심히 다니는 사람들은 인생 낭비, 세월 낭비, 금전 낭비를 하며 지옥세계로의 입문을 예약하고 있다는 엄청난 천상세계, 사후세계의 진실도 알았습니다.

이곳에서 발행한 책을 처음 읽어보는 사람들은 이해가 안 되어 사이비로 매도하는 사람들도 있을 것인데, 다른 종교 사상과 교리에 심취하여 공감하지 못하는 사람들은 태초의 조물주 하늘과 함께 할 수 있는 천재일우의 기회를 놓쳐버리는 천추의 원과 한을 남기는 일입니다.

인류 모두가 목말라 갈망하는 천상세계, 사후세계, 영생에 대한 진실은 천황님의 나라 태상천으로만 내린다는 위대한 진실을 알았습니다. 태초의 조물주 하늘이신 천황님께서 태건당 총재님으로 계신 저자님 육신으로 하강 강림하신 것을 무수히 체험하였습니다.

태초의 조물주 하늘 천황님께서는 인류가 몰랐던 천상세계, 사후세계, 지옥세계를 다스리시는 주인이시었습니다. 대우주의 주인과 살아서든 죽어서든 함께 할 사람들은 책을 읽고, 자신의 부모 조상님들부터 구해드리는 조상입천제를 행해야 합니다.

교회, 성당, 절, 무속, 도장을 두루 다녀보면서 하늘의 문은 좁디좁고, 지옥의 문은 신작로처럼 활짝 열려 넓디넓다는 것을 생생히 체험한 산 증인(천인, 신인)입니다.
　　　　-경기도 의왕시에서 천황님의 신하 神人-

누구를 찾으려고 종교에 다니나?

여러 종파에 다니는 사람들은 저마다 사연이 있고, 무언가 이끌림이 있어서 다닐 것이다. 숭배 대상이 외국 조상이든 국내 조상이든 가리지 않는다. 자신들의 취향과 믿음에 따라서 가족을 동반하는 경우도 많다.

종교백화점이란 이 땅에서 한국인들이 숭배하는 종교의 분포를 살펴보면 3,051년 이상의 역사를 가진 석가의 불교를 믿는 사람들과 2,024년 이상 역사를 가진 하나님과 예수를 숭배하는 기독교, 하느님과 마리아를 숭배하는 천주교를 믿는 사람들이 있다.

이스라엘 민족 조상인 여호와를 기독교에서는 하나님으로 부르며 숭배하고, 천주교에서는 하느님으로 부르며 숭배하고 있는데, 여호와는 전지전능의 창조주 하나님, 하느님도 아니고 영과 육의 부모님도 아니라는 충격적인 사실을 현실로 받아들여야 한다.

사우디의 예언자 마호메트가 전한 알라신을 숭배하는 이슬람교를 믿는 사람들, 도교를 믿는 사람들, 남묘호란케교를 믿는 사람들, 천존님, 천지신명님, 칠성님, 산신님, 용왕님, 성황님, 자연신, 나무신, 바위신을 믿는 사람들이 아주 다양하다.

그런데 종교 숭배자들을 믿는 모든 이들에게 묻고 싶다! 숭배자들을 믿고 마음이 흡족하였는가? 마음이 편안하였는가? 가정이 평안하였는가? 사업이 잘 되었는가? 매사 막히는 일은 없었는가? 어떤 소원을 성취하였는가?

각자가 원하고 바라는 소원을 모두 얻을 수는 없겠지만, 부분적으로 어떤 것을 얻은 것이 있기 때문에 종교를 다니고 있을 것이다. 그런데 산 인간 육신이 원하고 바라는 소원들은 헤아릴 수 없을 정도로 많고 욕망은 끝이 없기에 다 이루고 떠난 자들은 없다.

살아서의 삶도 중요하지만, 죽음 이후의 삶이 더 중요하다. 눈에 보이는 현실 세계보다도, 눈에 보이지 않는 사후세계가 더 무섭고 두렵지만 보이지 않다 보니까 현실적으로 느끼지를 못해서 천하태평이다.

모든 사람이 바라는 부귀와 영화는 한 조각 구름, 물거품, 꿈과 같다. 죽음에 임하여 허망함을 개탄할 것이 아니라, 살아있을 적에 무엇이 가장 존귀한 것인가를 생각하며 영원히 빛나고 보람 있으며, 길이 남는 일이 어떠한 것인가를 찾아야 한다.

수천 년 동안 각자들이 믿는 종교 사상에 교화된 독자들에게 기존 종교 사상보다 더 고차원적인 최고 존엄의 숭배자이신 태초의 조물주(창조주) 하늘 천황님이 저 멀리 떠 있는 북극성 부근 태상천 궁궐에 계신데, 이곳을 천황님의 나라로 부른다.

태상천과 3,333개의 제후국(왕국)들이 포진하여 있는데, 지구인들이 원래 태어난 원초적인 고향이기에 회귀본능(귀소본능)에 따라 영혼의 고향 천상으로 오르게 해준다는 온갖 종교를 믿고 있다.

지옥세계가 존재하는지 눈으로 확인할 수는 없지만 죽어서 무서운 지옥에 가지 않으려고 종교를 믿는 사람들도 많고, 영혼의 고향인 천상세계가 실제로 존재하는지 눈으로 확인하지는 못했지만, 존재한다면 돌아가고 싶어 해서 온갖 종교세계를 다니고 있다.

종교에 다니는 사람들은 천상세계, 지옥세계가 실제로 존재한다고 생각하니까 종교에 열심히 다니면서 돈을 많이 바치며 믿는 것이 현실이다. 여기서 의문점은 정말 종교 숭배자들을 열심히 믿고 찬양하며 의식을 행하면 지옥을 면하고 천상으로 돌아갈 수 있을까 하는 일이다.

독자 여러분들은 어떻게 생각하는가? 종교지도자들이 전한 말이 맞는다고 생각할 사람들이 거의 전부라고 여겨지는데, 반론을 제기한다면 어떻게 받아들일까? 종교를 믿음으로써 지옥을 면하고, 천상으로 돌아갈 수 있을까?

저자는 정반대의 생각이다. 왜냐하면 자신이 누구인지부터 알아야 하고, 죄인들이 살아가는 지옥별 지구 행성에 왜 태어났으며, 천상의 태상천과 3,333개 제후국(왕국)들에서 근심 걱정 없는 이상향의 무릉도원 세상을 살다가 무슨 죄를 짓고, 지구로 쫓겨 왔는지부터 알아내야 천상으로 돌아갈 수 있다.

그리고 천황님의 나라 태상천 황실신명정부 산하에 태상천은 천국, 자미천은 천당, 도솔천은 극락, 옥경천은 선경세상으로 각기 나뉘어져 있다.

장남 자미황제님이 다스리는 나라가 자미천, 차남 도솔황제님이 다스리는 나라가 도솔천, 삼남 옥경황제님이 다스리는 나라가 옥경천 그리고 황실 직속 3,333개 제후국(왕국)들이 인류가 죄를 짓고 지구에 태어나기 전에 살았던 영혼의 천상 고향들이다.

천상에서 큰 죄를 짓고 지구로 쫓겨난 죄인들의 신분인데, 종교 숭배자들을 열심히 믿어 찬양하며 의식한다고 천상으로 올라갈 수 있을까?

어떤 죄를 짓고 지구인으로 태어났는지도 모르기에 죄를 빌 수도 없는데, 종교에서는 마구잡이로 믿으며 돈만 내면 구원해 준다고 현혹하고 있다. 전 세계 종교지도자들 자체가 모두 대역 죄인들의 신분인데, 죄인이 죄인들을 마구잡이로 구원해 줄 수 있을까?

종교지도자들이 구원의식을 행해준다고 천상으로 올라갈 수 있다고 생각하는가? 그래서 종교가 참으로 어둡고 무서운 곳인데, 자신의 목숨이 죽는 것보다 더 무서운 곳이 종교세계라는 것을 알아야 한다.

이 나라 한국인들뿐만이 아니라 전 세계 인류 모두가

숭배자들과 종교지도자들에게 몽땅 속았다는 진실을 밝히고자 이 책을 집필하였다. 종교지도자들과 신도들이 상상조차도 못했던 엄청난 비밀이 밝혀졌다.

지구 행성은 원래 천상에서 죄를 지은 역천자들이 살아가는 역천자 행성으로 창조하였기에 구원의 시험장이다. 세상 사람들이 오래도록 열심히 믿었던 이스라엘 민족 조상인 여호와 하나님과 하느님, 석가 부처님, 마호메트와 알라신,

천존님, 천지신명님, 칠성님, 산신님, 용왕님, 성황님, 자연신, 나무신, 바위신 모두가 하늘의 진실을 외면하고 인간들만 잘 먹고, 잘 사는 사상만 전파하였기에 인류는 지금까지 아무도 구원받아 천상으로 오르지 못하였다.

여러분들이 오르고자 하는 태상천 황실신명정부 산하에 자미천, 도솔천, 옥경천과 3,333개 제후국(왕국)들을 다스리는 주인이 누구인지 아는가? 대우주 창조주이고 전지전능의 조물주 하늘이신 만생천부 대우주 천황님이 주인이신데, 저자 육신에 강림하시어 선택받아 뽑힌 자들에게 천상 입천의 명을 내려주신다.

천상으로 오르는 길은 지구 행성에서 단 한 곳뿐인 천황님의 나라 태상천 뿐이다. 천국, 천당, 극락, 선경 세상으로 오르려면 천상의 주인이신 대우주 창조주이고 전지전능의 조물주 하늘이신 천황님의 윤허를 받아야 한다.

지금 종교지도자들은 인류에게 수천 년 동안 완전범죄로 사기 치고 있는 것인데, 아무도 모르고 있고, 종교가 거짓이라는 것을 검증할 능력을 가진 자들도 없다. 태초의 조물주 하늘이신 천황님께서만이 종교가 가짜임을 알아보실 수 있으시다.

지구 행성의 모든 종교 숭배자들과 종교지도자들이 천상에서 죄를 짓고 쫓겨 내려온 대역 죄인들이기에 인류를 구원할 수 없다. 또한 인류 탄생 이후 종교지도자들이 각종 의식으로 영혼들을 천상으로 오르라고 외치거나 주문을 외워도 천상으로 입천을 윤허하시지도 않으셨다.

인류 모두가 수천 년 동안 종교에 몽땅 속았지만 속은 줄도 모르기에 종교가 부흥 번창하였던 것이다. 이제 천상으로 돌아가는 길은 지구에서 이곳 하나뿐이다. 조물주 하늘이신 천황님의 천상입천의 명을 받지 않는 이상 천상으로 가지 못한다.

이곳이 유명하지 않아서 믿음이 덜 갈 사람들도 있을 것인데, 그것은 각자들이 이겨 내야 할 관문이다. 널리 알려진 유명한 곳이 모두 가짜 종교들이다. 진실은 항상 숨어 있고 언젠가는 승리한다. 세상의 모든 종교가 가짜이다. 진짜를 알아보는 사람들과 조상들, 생령들에게 이곳 천황님의 나라 태상천은 구세주이자 생명줄이다.

이 책을 읽어보고 공감해서 방문할 독자들은 천운이 열린 특별히 천황님께 뽑힌 사람들이다. 대우주 창조주이시고, 전지전능의 조물주 하늘 천황님을 알현하는 일이 일생일대 대영광이 주어진 값진 일이다.

창조의 신이신 태초의 조물주 하늘이 인류 대황제 인존 태황 태건당 방상용 총재 육신으로 오시어 천황님 등극식으로 이 세상에 공식 출세하시었다. 그래서 사람 눈에 보이는 대우주 천황님으로 등극한 인류 대황제 인존태황 태건당 방상용 총재 육신 자체가 황금 복덩어리이자 천복 자체인데, 어디에 가서 기도하고 있는 것인가?

태건당 방상용 총재 자체가 눈에 보이는 조물주 하늘 만생천부 대우주 천황님이기에 더 이상 기도하지 말고 직접 대면하여 소원을 고하는 것이 좋다.

세상에서 가장 무서운 것이 종교

　세상에서 1,000명 죽인 살인자의 죄보다 더 무서운 것이 종교를 다니며 숭배자들을 믿는 것이라는 말을 얼른 이해하고 받아들이기가 쉽지 않을 것인데, 그럼 무얼 믿어야 하느냐고 반론을 제기할 것이다. 차라리 자신의 조상님들을 믿는 것이 종교에 다니는 것보다 훨씬 좋다.

　오히려 자신의 조상님들을 믿으면 종교에 다니는 것 보다 태초의 조물주 하늘께 죄는 덜 지을 것이기 때문이다. 신앙의 숭배 대상자들과 전 세계에 종교를 세운 자들이 천상에서 대역죄를 짓고 지구로 도망치고 쫓겨난 용서받지 못할 큰 죄인(악신, 악마, 악령, 악귀, 사탄, 마귀, 잡신)들이기 때문이다.

　그래서 어떤 종교든지 믿으면 잠시 마음의 위로는 받을지 몰라도, 사후세상을 천상으로 보장받지 못하고, 끝이 보이지 않는 무서운 지옥불 세상이 기다리고 있지만 세상 사람들은 이런 귀한 진실을 알려주어도 받아들이려 하지 않는데, 이것 또한 천상의 죄가 크기 때문이다.

불교, 무속, 유교, 도교, 개신교, 기독교, 천주교, 유대교, 이슬람교, 정교회, 민속신앙을 열심히 믿는 사람들은 말도 안 된다고 저자의 말을 부정하고 무시할 것이지만, 그것도 각자들의 자유이고 타고난 복이다.

살아서 종교 믿고, 비싼 돈 들여 조상굿, 천도재, 위령미사, 추도미사, 추모예배 등 종교 의식한다고 극락, 선경, 천국, 천당으로 올라가는 것이 아니기 때문이다. 종교를 믿는 자들은 예외 없이 불지옥으로 입문하기에 하루라도 빨리 종교에서 빠져나와야 한다.

죽어서 불지옥에 가보지 않았으니 실감이 안 날 것인데, 양말 속이라야 까뒤집어서 보여줄 텐데 참으로 답답한 일이다. 이 세상에 세워진 모든 종교는 불지옥으로 인도하는 악마 종교라는 진실을 모르고 있다. 겉으로는 믿음, 소망, 사랑, 자비, 구원을 외치며 지옥을 면하고 추위와 더위, 배고픔, 근심 걱정 없이 영생하는 천상의 극락, 선경, 천국, 천당으로 보내준다고 인류 전체를 종교로 끌어들였으나 정반대로 무서운 불지옥도로 압송된다.

종교 소멸과 세계 정복 및 영생

앞으로 세상은 태초의 조물주 하늘이 인간 육신을 빌려 천황님으로 공식 등극하셨기에 30년에 걸쳐서 세계 종교가 소멸되고, 세계 국가 역시 천황님의 나라 태상천으로 통합, 복속, 귀속, 편입되는 경천동지할 일들이 일어난다.

세계 종교를 소멸시키는 것은 인력으로는 불가능한 일이지만 이제부터는 태초의 조물주 하늘이 인간 육신 천황님으로 등극하셨기에 어려운 일이 아니다. 그것은 기존 숭배자들의 기운보다 수억만 배의 강력한 천지인 기운 따라 자연적으로 사람, 영혼, 조상, 신들이 몰려온다.

30년 안에 종교만 소멸시키는 것이 아니라 전 세계 국가를 하나로 통일하는 천지대업이 이루어진다. 이것 역시 인력으로는 불가능한 일인데, 불가능이 없는 무소불위하시고 태초의 조물주 하늘이신 천황님의 천지인 기운이기에 이루어진다.

천황님의 천지인 기운은 무소불위하시기에 무력을 사용할 필요 없이 오직 순수한 천지인 기운만으로 세계를 통일하게 된다. 81억의 사람, 영혼, 조상, 신들의 마음을 자유자재로 바꾸는 천지대능력을 갖고 있기 때문이다.

그리고 이 나라는 30년 안에 대통령제가 폐지되고 천제군주제가 실시되어 천황님이 국내 대통령, 인류의 대통령(세계 대통령, 인류의 대황제)으로 추대 옹립된다. 이 나라에서는 더 이상 대통령 선거가 실시되지 않는다.

현재까지 천황님의 신하(仙人, 天人, 神人, 道人)로 명을 받은 자들은 영생을 누리기에 천황님 등극식 날인 천기 24년(태상용기 70년) 7월 6일 소서 23:20부터 나이를 먹어가는 것이 아니라 매년마다 한 살씩 **빼게** 된다.

그래서 태초의 조물주 하늘이신 천황님의 신하들은 앞으로 30~60년 후에는 모두 20~30대 나이로 진입하고 최하 연령은 20대 초반 모습까지 계속 젊어지는데, 얼굴만 젊어지는 것이 아니라 신체 근육도 20대 초반 모습으로 다시 되돌아가는 환골탈태의 이적과 기적이 일어난다.

이들 신하들은 천황님이 무소불위한 영생의 천지인 기

운을 수시로 내려주시기 때문에 현시점에서 앞으로 30년, 50년, 70년, 100년, 150년, 200년, 300년, 500년, 700년, 1,000년, 10,000년, 100,000년이 흘러도 20~30대 동안의 모습으로 영생을 누리게 될 신하들이다.

이들은 현재의 주민등록증이 갱신되더라도 반드시 소지하고 있어야 나중에 확인할 수 있다. 또한 천황님의 신하들은 전 세계에서 가장 잘사는 부유층으로 살아가게 되며 세계 국가를 다스리는 지도자 반열에 오르게 된다.

앞으로 천지가 개벽하는 상전벽해가 일어날 것인데, 그 이후에는 전 세계 국가들의 대통령과 고위공직자, 재벌, 금융계는 영생을 누리는 천손의 후예들인 천황님의 신하들이 다스리게 되어 있다.

대한민국 역시 태건당이 1인 집권당으로 등극하고 태건당 방상용 총재 천황님이 국내 대통령과 세계 대통령(인류의 대통령, 인류의 대황제)직을 영구 겸직하는 천제군주제가 실시되고, 상하서열이 엄격한 천상황실정부처럼 군대식 통치 방식이 도입된다.

전 세계를 통일하고 지배 통치하며 다스리려면 강력한

군대 통치 방식이 필요하기 때문이다. 현재는 영생을 누리는 것도 상상의 세계로 생각할 수밖에 없지만 나의 젊어진 모습을 통해서 현실로 보여줄 것이다.

태초의 조물주 하늘이신 천황님 육신이 몇백 년, 몇천 년, 몇만 년이 흘러가도 죽지 않고 젊은 20대의 모습으로 영생한다면 전 세계 인류는 모두가 자연스럽게 감복할 것이고, 천황님의 보호 속에 영생을 누리게 된다.

그래서 지금은 시간과의 싸움이다. 태건당 총재 방상용 천황님이 집권하면 전 세계 최고 강대국이 되고, 전 세계 모든 종교 역시 완전히 소멸되고, 전 세계 인류의 공통 언어 찬양찬송이 천황님 하나로 통일된다.

매일같이 존경의 마음으로 대우주 천황님, 대우주 천황님, 대우주 천황님 노래 부르듯 천황님을 찾으면 기분 좋고 즐겁고 행복한 일들이 일어나고, 막힌 일도 뻥뻥 뚫어지고 천만사가 상통하기 때문이다. 천황님이라고 부를 수 있는 것이 얼마나 행운아, 천운아인지 알게 된다.

시간과의 싸움에서 태건당 소속 출마자들이 선거에서 승리할 것이고, 앞으로 치러질 대통령 선거, 광역과 지자체장 및 의원 선거, 국회의원 선거, 교육감 선거에서 승리하고, 고위직에 중용되려면 지금부터 태건당에 서열 당원으로 가입하여 천황님의 기운을 24시간 항시 받고 살아가야 사건사고, 재난의 중심에 서 있지 않게 된다.

돈과 재물, 권력과 명예, 건강과 행복을 가졌다 한들 인명은 재천이라 하듯이 언제 죽을지 모르고 살아간다. 아무리 크게 성공 출세하였어도 젊은 나이에 죽는다면 얼마나 허망하고 그 많던 돈과 재산을 어찌할 것인가?

갑자기 일어나는 교통사고 사망, 사업실패, 사건사고, 심장마비, 암, 단명은 인간의 노력으로는 막을 수 없기에 항상 태초의 조물주 하늘이신 천황님으로부터 24시간 보호 기운을 받고 살아가야 한다.

지구에 태초의 조물주 하늘이신 천황님이 인간 육신으로 등극하셨기에 천황님의 신하들이 영생을 누리고, 세상을 지배 통치하며 다스리므로 서울에 인류의 수도인 거대한 황금 궁궐이 들어서고 국제도시가 된다.

지금은 이것이 꿈만 같은 소설이나 공상과학 이야기에 지나지 않을 것이지만 앞으로 10~30년 세월이 지나면 현실이 되어 있음을 이 나라 국민들이 생생히 지켜볼 것인데, 그동안 예언하였던 일들이 시간의 차이는 있지만 25년 동안 모두가 현실로 이루어졌다.

앞으로 천황님인 태건당 방상용 총재가 대통령직에 오르게 되어 천황님의 터 청와대로 집무실을 옮겨 세계신명정부를 수립하고, 나아가 세계를 다스리는 세계 대통령(인류의 대황제)으로 등극하게 된다.

이것이 몇 년 안에 이루어지느냐는 국민들의 선택에 달려 있다. 개인 경제, 기업 경제, 국가 경제를 살리고, 노후 생활 근심걱정 하지 않고 살아갈 세상이 열린다. 세계를 지배 통치하는 6대국의 강대국을 이루려면 국민 전체 90% 이상이 태건당원으로 가입하면 가능하다.

죽지 않고 영생을 누리며 신나는 세상을 살아가려거든 지금부터 태건당에 들어와 천황님을 알현해야 한다. 태초의 조물주 하늘이신 천황님의 기운은 무소불위하시기 때문에 불가능이 없다. 불가능은 나약한 인간들이 만들어낸 것에 불과할 뿐이다. 천황님이 내리는 명을 받으면 무한대로 영생할 천지인 기운이 내린다.

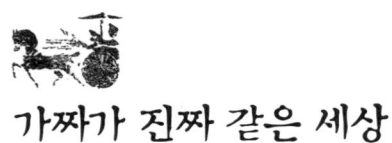

가짜가 진짜 같은 세상

인간들의 영적 수준이 최하위라는 것을 간파한 종교지도자들이 세운 이슬람교 1414년, 기독교와 천주교 2024년, 불교 3051년 동안 태초의 조물주 하늘 천황님이 출현하지 않아 종교 귀신들인 여호와, 석가, 마리아, 예수, 마호메트(무함마드)가 하늘 행세하며 인류를 장사 수단으로 이용하여 돈과 재물, 인생과 노동력을 착취하였지만 인간들은 하늘이 누구인지 진실을 모르니, 종교 지도자들이 이끄는 대로 따라갈 수밖에 없었다.

이들이 받들어 숭배하였던 신들이 모두 천상에서 하늘을 배신하고 도망친 악신, 악마, 악령, 악귀들이란 진실을 아무도 알 수가 없었고, 확인할 길도 없어 종교 교주들이 인도하는 대로 열심히 믿었다.

천상에서 도망치고 쫓겨난 자들이 인류를 다시 천상으로 돌아가게 해준다고 현혹하며 전 세계 곳곳에 어마어마한 종교 건물들을 세웠다. 이슬람교 1414년, 기독교와 천주교 2024년, 불교 3051년 동안 태초의 조물주 하늘 천황님이 출현하지 않아 인간들, 영혼들, 조상들, 신들을 속여먹는데 완전 범죄 행위였다.

전 세계 인간들, 영혼들, 조상들, 신들을 악신, 악마, 악령, 악귀들이 하늘이라고 아무리 속여도 신성불가침의 영역이라 그 어느 누구도 이의를 제기하거나 검증할 수도 없었고, 아무도 알아낼 수가 없었다.

완전 범죄에 가까운 악신, 악마, 악령, 악귀들의 정체가 태초의 조물주 하늘이 인간 육신으로 하강 강림하여 천황님으로 등극한 태건당 방상용 총재에 의해서 이 세상의 모든 종교 진실들을 적나라하게 밝혀내 세상에 공개하게 된 것이다.

이제까지 태초의 조물주 하늘이 어디 계시고, 어떤 분이신지 몰라서 늘 궁금하며 애타게 찾았는데, 태건당 방상용 총재를 통해서 천황님으로 등극하시어 어둠의 베일에 가려졌던 종교세계의 민낯을 모두 들추어냈다.

전 세계 인간들, 영혼들, 조상들, 신들은 한마디로 호구였고 바보 천치들이었지만 달리 방법이 없어서 각 종파의 종교 지도자들이 말하는 대로 믿고 따를 수밖에 없었는데, 악들이 조화를 부려 귀신 퇴치나 질병을 고쳐주는 이적과 기적을 보여주어 신도들이 믿게 만들었다.

 작은 이적과 기적을 보고 인류 모두가 감쪽같이 속아 넘어갔다. 진짜 하늘이 나타나시지 않으니 인류로서는 다른 뾰족한 대책이 없었던 것이고, 하늘을 알아볼 수 있는 방법이 없었다. 이러니 악들이 인류를 속여 가며 하늘 행세하기가 얼마나 좋았을까?

 대책이 없었다. 이것이 죄인들에게 내려진 숙명과도 같은 것이다. 구원 능력도 없는 가짜 종교 숭배자들에게 돈 바치고, 허송세월 보내며 지내왔다. 이런 진실을 태건당 홈피에 게재하지만 믿기보다는 오히려 사이비라고 부정하고 무시하기 십상일 것이다.

 그래서 믿든 말든 30년이란 세월을 기다릴 것이다. 30년이 지나면 이 나라에는 신인류 새로운 세상이 열려 있을 것이고, 천황님으로 등극한 태건당 방상용 총재와 천황님을 믿고 따르는 신하들은 더욱더 빛날 것인데, 세월이 흘러갈수록 얼굴이 더 젊어진다.

여러분에게 열심히 다니는 기존 종교에서 억지로 뛰쳐나오라고 강요하지 않는다. 각자들이 이 글을 읽고 공감하며 깨달아야 가능하다. 이 글이 지금은 소설이나 공상과학 영화 시나리오처럼 보이겠지만 30년 후에는 모두 현실이 되어 있을 것이다.

이 세상에서 전 세계 종교가 몽땅 구원받지 못하는 가짜라고 말할 사람이 누가 있을까? 숭배자들에게 날벼락 맞으려고 환장했느냐고 말할 사람들도 있을 것인데, 25년 전부터 종교 숭배자들이 가짜 하늘 악신이라고 주장하였지만 아무 일 없이 아직 멀쩡하게 살아 있다.

태초의 조물주 하늘이 천기 24년, 태상용기 70년 7월 6일 소서에 태건당 방상용 총재 인간 육신으로 하강 강림하여 천황님으로 출세하였다. 그래서 이제부터는 종교 세계는 종쳤고 천황님의 세상이 활짝 열렸다.

극락, 선경, 천국, 천당으로 알려진 천상으로 오르는 것도 천황님을 믿고, 천황님이 내리시는 명을 받아야 갈 수 있고 종교 믿으면 불지옥 입문 0순위이다. 또한 지옥세계 입문과 축생계 윤회(환생)를 면하는 길도 천황님의 고유영역이자 고유권한이다.

종교세계 역사는 이제 끝났다

　이제까지 창조주이신 태초의 조물주 하늘이 상상 세계에 존재하시는 분으로 알고 있어 반신반의하며 수천수만 년의 세월 동안 종교생활을 해오고 있었지만, 태건당 방상용 총재 육신을 통해서 천황님으로 등극하시어 현실 세계 하늘로 존재를 드러내시었다.

　창조주이시자 태초의 조물주 하늘이신 천황님이 이 나라 이 땅에 태건당 방상용 총재 육신으로 오시어서 천황님으로 등극하심에 이제 이 세상의 모든 종교숭배자들과 종교지도자들이 할 일이 없어졌고, 교회와 성당, 사찰, 도교, 이슬람 사원들이 철거되거나 다른 용도로 사용할 수밖에 없는 시대적 흐름에 직면해 있다.

　종교지도자들이 조물주 천황님의 인간세상 출현을 무시하고 부정하며 가짜라고 사이비로 매도해도 봇물 터지듯 터지는 창조주 하늘이신 천황님의 무소불위하신 천지인 기운 분출을 막을 수가 없다.

이제까지 천황님의 존재가 세상에 드러나지 않아 종교 귀신들과 악들이 세상을 지배하였지만 광명의 빛과 불이신 창조주 하늘께서 세상에 천황님으로 등극하심으로 종교세계가 하루아침에 설 자리를 잃어버렸다.

상상 속의 추상적 하늘에서 태건당 방상용 총재 육신으로 하강 강림하시어 천황님으로 등극하심으로 살아 움직이시는 현실적 하늘이 되시었다. 인간들과 자유자재로 천법회, 전화, 문자메시지로 대화를 주고받을 수 있으니 기도라는 것이 필요 없어졌다.

창조주이시자 태초의 하늘이 상상의 세계에서 천황님으로 현실 세상에 출현하시었으니 이 나라와 전 세계가 난생처음 천지개벽을 맞이할 것이다. 종교 장사가 천황님 등극으로 살아 움직이시는 하늘로 계시니, 종교는 앞으로 문 닫을 일만 남았다.

종교에 다니는 신도들이 천황님의 존재를 인정하고 알아가는 과정을 최대 30년으로 보고 있기 때문에 종교가 무너져 사라지는 것은 이제 시간문제만 남았다. 처음에는 반신반의하며 설마 그럴 리가 있겠느냐고 무시하고 부정하겠지만 하늘의 증표를 육신의 수명 장생과 영생으로 보여주시니 안 믿을 수가 없게 되었다.

육신의 수명 장생과 영생을 하려거든 한 살이라도 나이가 덜 먹었을 때 천황님의 나라 태상천에 들어와서 천황님이 내려주시는 불로장생 천지인의 기운을 받아야 한다. 나이가 이미 많이 먹었으면 천지인의 기운을 받아들이는데, 그만큼 더 많은 시간이 소요되기 때문이다.

이슬람교의 마호메트 역사 1414년, 개신교의 예수 역사 2024년, 불교의 석가 역사 3051년은 길고도 길지만 이들 종교가 사라지는데 30년이면 충분하다. 요즘은 전 세계 인터넷의 발달로 1일이면 전 세계에 전파된다.

창조주이시자 태초의 조물주 하늘이 인간 육신을 빌려 천황님으로 등극하셨다는 것이 밝혀진다면 종교에 대한 믿음이 한순간에 깨지는데, 세계 81억 인류가 인정하고 받아들이는 기간이 저마다 다를 것이다.

창조주이시자 태초 하늘이신 천황님은 인간들의 속마음을 모두 알고 있으시기에 말이나 글로는 설득해 봐야 믿을 자가 없다는 것을 아시고, 인류가 이루지 못한 수명 장생과 영생을 현실로 이루어 보여줌으로써 하늘의 존재를 추상적인 상상 속의 하늘이 아니라 인간 육신으로 오신 현실적인 하늘로 인정하도록 만든다.

종교 역사 이후 얼마나 많은 세월 동안 인류를 자신들의 종살이로 노예살이를 시켰을까? 세계 인류가 숭배자 신들에게 몽땅 속아 넘어갔어도 오랜 역사와 전통 때문에 버티고는 있지만 조물주 천황님 등극으로 이제는 살아 움직이시는 하늘이 되시었다.

그래서 종교가 무너져 사라지는 것은 길어봐야 30년이면 충분하다는 뜻이다. 지구 행성에 종교를 세운 신과 영들은 천상 태상천에서 3,333개 제후국들 중 역모 반란을 일으킨 1,800개 제후국(왕국)들 제후(왕)들과 대신들 및 공직자들, 신민들이었다.

이들이 반란에 실패하자 지구 행성과 다른 외계 행성으로 도망쳤고, 추포된 수많은 반란군들은 재판을 받고 지구로 유배되었는데, 하늘에 대적하고자 하는 천성의 역심을 버리지 못하고, 지구에 종교를 세우고 종파마다 가짜 하늘을 내세워 인류의 정신을 지배하였다.

여호와는 이스라엘 땅의 하나님인데 언제부터 세계 인류의 하나님으로 둔갑시켜 세상을 온통 지배 통치하고 있다. 천상에서 역모 반란을 일으키다가 실패하여 도망친 자들이 천상황실 가족들이었다.

천상의 태상천 주인이신 조물주 천황님의 복제 쌍둥이로 창조한 동생이 "자미 악"과 처 "유영"인데 1차 반란, 장남 자미천 황제의 첩실 "하누"와 아들(서자) "표경"이 2차 반란의 주동자들이었다.

인간들의 욕심은 과거나 지금이나 똑같다. 중국 왕조나 조선 왕조 모두 부자지간, 부녀지간, 형제지간, 숙질간에 왕권 다툼으로 살육을 서슴지 않았는데, 천상에서도 권력 암투는 끊이지 않았다.

조물주 하늘 천황님께 대적하려고 반란군들이 지구로 도망쳐서 종교를 세웠는데, 모두 황실 가족들이다. "자미 악", "유영", "하누", "표경"과 이들을 따르는 수하들이 인류의 정신을 지배 통치하고 있다.

언젠가 조물주 천황님이 지구로 강림할 것을 알고, 종교를 세워 인류를 구원한다고 현혹하여 세뇌시켜서 천황님을 몰라보게 눈과 귀를 막았다.

하나님은 진짜 "하늘"이 아니었다

하나님, 하느님, 하늘에 대해서 구분할 줄 아는 사람들이 얼마나 있을까? 독자들은 대다수가 같은 존재라고 생각할 것이다.

-하나님-

하나님은 이스라엘 민족의 여호와를 말한다고 성경 구절에 나와 있다. 이스라엘의 하나님이 여호와이고, 이스라엘의 아비로 되어 있다. 그런데 수천 년의 종교 역사를 통해서 세계 인류의 하나님으로 둔갑했다.

대우주를 창조한 전지전능자로 숭배받으며 구원해 준다는 명분으로 인류의 정신을 수천 년 동안 지배 통치하며 한도 끝도 없이 금전과 육신, 인생, 정신을 바치라 하고 강요하며 종과 노예처럼 부려 먹고 있는데, 진짜 하늘의 강세로 이들의 만행이 온 세상에 드러났다.

툭하면 지구 종말, 인류 멸망 심판 운운하며 신도들을 불안하게 만들어 금전을 뜯어내는 사기꾼들인데, 지금 뜨거운 불지옥에서 심판받고 있는 여호와, 예수, 성모 마리아, 부처, 상제가 무슨 재주로 인류를 심판하고 구원한다는 것인지 참으로 기가 막힌다.

먹고 싸는 능력밖에 없는 대역죄인 악마들 주제에 하늘도 아니면서 누가 누구를 심판한다는 것이더냐? 인간들은 너희들의 존재를 전혀 알 수 없지만 조물주 하늘인 나는 너희들의 만행을 천상에서부터 다 알고 있었고, 보다 못해 최후의 심판을 위해 강세하였도다.

예수가 12제자와 함께 만찬 하는 그림 모습이 무엇을 뜻하는지 아느냐? 조물주 하늘을 분노케 만든 말세의 종교 대심판에서 이스라엘의 멸망과 유대인들의 멸종을 의미하는 최후의 사진이니라.

조물주 하늘의 능력이 얼마나 대단한지 알기나 하고 사칭하는 것이더냐? 조물주 하늘인 내가 직접 참다운 하늘의 능력이 어떤 것인지 인간이 이루지 못한 불로불사 불로장생과 영생으로 생생히 보여 줄 것이다.

-하느님-

하느님은 원래 우리 한민족이 부르던 하늘의 이칭이었으나 언젠가부터 천주교에서 여호와 하나님을 여호와 하느님으로 명칭을 변경하여 한민족의 하느님을 갈취해 갔다. 그래서 사람들을 헷갈리게 만들어 여호와가 한민족의 하느님이 되어버린 것이다.

천주교(天主敎)? 하늘의 주인을 믿는 종교라는 뜻으로 사용할 것인데, 어째서 이스라엘의 하나님 여호와를 한민족의 하느님으로 만들어 민족정신을 팔아먹고 말살하는 대역죄를 짓고 있는 것인가?

한민족에게서 하느님 명칭을 빼앗아간 천주교인들의 만행을 응징할 수 없어 이 나라 국민들은 그냥 손 놓고 바라볼 수밖에 없겠지만 조물주 하늘인 내가 이들이 뿌리고 행한 대로 한 치의 오차도 없게 돌려줄 것이다.

-하늘-

하느님, 하늘님, 하늘로 불렸는데, 하느님은 천주교인들이 갈취해 갔고, 하늘님은 민족종교를 주창하는 자들이 사용하고 있고, 무신론자들은 "하늘"이라고 부르는데, 나는 종교를 가장 싫어하기에 하늘님으로 불러주는 것도 싫어하는 천황님이다. 나는 천상세계 주인이기에 천상과 지상에서 사용하는 수많은 관직명이 따로 있다.

조물주 하늘인 나의 모습이 어떠할까 많이들 궁금하고 상상을 많이들 할 것인데, 인간의 형상이지만 상황에 따라서 몸체 크기를 자유자재로 변신할 수 있는 무소불위한 천변만화의 조화주이고, 천지대능력자이다.

인간 모습은 "인류 대황제 인존태황 태건당 방상용 총재"의 모습과 성격이 95% 이상 닮았다고 생각하면 될 것이고, 육체를 부풀려 변신할 때는 황금빛 자체이기에 인간들 눈으로 보이는 시야 전체 창공을 완전히 덮고도 남고 남을 정도 크기라고 생각하면 될 것이다. 파란 창공이 하나도 안 보일 정도라고 하는 것이 더 맞을 것이다.

지구에서 북극성까지 거리 크기보다도 수억만 배 더 크기에 인간들에게 수치상으로 설명하는 것이 무의미하다. 천상의 거대한 자미우주 연방제국 크기가 내 손바닥 하나 크기의 30% 정도이다. 밤하늘의 끝에서 끝까지 보이는 모든 별들을 다 덮고도 남으니 그래서 대우주 최강의 최상위 절대자라고 하는 것이다.

천상에는 허락받지 않고 못가

　대우주 최강의 최상위 절대자로 대우주에서 가장 두렵고 무서운 존재인 줄 몰라보고, 악들과 인간들이 종교를 세워서 자신들의 입맛에 맞게 조물주 하늘을 과소평가하며 마음대로 생각해서 창조해 냈다.

　자신들의 소원이나 이루어주는 하찮은 존재로 생각하며 살아가고 있기에 말진사부터 세계 종교 기운을 거두어 자동 소멸시키고, 세계 인류 역시도 함께 말진사 안에 스스로 감동, 감탄하여 굴복하게 만들 것이다.

　유대인들이 세운 이스라엘의 하나님인 여호와, 예수, 성모 마리아에게 정신을 팔아먹은 자들아? 정신 차리거라. 너희 영혼들은 이미 불지옥 적화도로 압송될 대상자들이기에 천국으로 돌아갈 영혼들은 한 명도 없고, 남아 있더라도 천상에서 내가 받아주지 않느니라.

그레이엄 수에 달하는 대우주 행성들과 행성인, 외계인, 만물의 영장인 인간 육신들 그리고 영들과 신들, 축생과 산천초목을 창조하고 모든 생명체 삼라만상을 창조한 창조의 신이자 너희들 영과 육의 아버지이다.

천상열차분야지도의 자미원, 태미원, 천시원, 북극성, 자미성, 삼태성, 북두칠성, 별들, 해와 달, 화성, 수성, 목성, 금성, 토성은 물론 은하계와 대우주 천체를 조물주 하늘이 천령정기 기운으로 창조하였다.

나는 대우주 최강의 최상위 통치자이자 권력자인데, 나의 육체 크기가 얼마나 되는지 상상을 못할 정도로 엄청 크지만 자유자재로 축소하여 공무집행에 맞도록 수시로 축소하여 변신한다.

조물주 하늘인 나를 사칭하고, 인류를 악들이 세운 종교감옥에 가두어 넣어 조물주 하늘이 인간 육신으로 강세하여 존재를 밝혀도 몰라보게 만든 유대인 이스라엘 민족은 국가와 민족을 말진사에 반드시 응징할 것이며, 사칭한 죄를 죽어서도 묻게 할 것이다.

이 세상의 종교가 하늘을 분노케 하였다. 하나님과 하

느님이 마치 세계와 대우주의 하나님, 하느님인양 인류(인간 육신과 영들, 신들)의 마음과 정신을 헷갈리게 만들었고 전지전능한 대우주 창조주로 호도하였다.

이스라엘의 하나님이 여호와이고 이스라엘의 아비가 여호와이지 한국과 전 세계의 하나님도 아니고 더군다나 대우주의 하나님도 아니다. 성경이란 자체가 이스라엘 역사 공부하는 것이지, 하늘 공부하는 것이 아니다.

여호와 하나님, 하느님으로 하늘을 사칭하고 혼동하게 만들어 세계 인류에게 여호와 사상, 예수와 마리아 사상을 전파하여 수천 년 동안 인류를 종과 노예로 삼고 금전과 인생, 정신, 사후세계를 갈취하였다.

유대인들과 이들 사상을 믿고 따른 전 세계 종교지도자들과 이들을 믿는 인류의 생사령 영혼들, 신들은 모두 불지옥 적화도로 압송될 대상자들이고, 여호와, 예수, 마리아가 태어난 이스라엘은 말진사에 역사 속으로 흔적 없이 사라질 악마들의 나라임을 만 세상에 알리는 바이다.

하마스가 이스라엘을 공격한 것이 우연이 아니다. 종교 자동 소멸되는 징조이다. 조물주 하늘의 분노가 폭발하

제6부 종교에서 기다리던 하늘 223

자 지옥계 수장들인 염라대왕, 곡라대왕, 현라대왕, 명부전 10대왕들이 전 세계 역천자 생사령 영혼들과 신들을 추포하여 지옥도로 압송했다.

천상에서 1·2차 역모 반란을 일으켜 죄를 물어 구치소 행성 지구에 위리안치 시켜 놓고, 천상에서 지은 죄를 빌라고 기회를 주었더니, 악들이 세운 종교 사상에 세뇌되어 영혼의 고향 천상으로 구원해 준다는 달콤한 말에 속아 넘어가서 수천 년의 세월 동안 종과 노예로 질질 끌려다니며 살아가고 있다.

천상의 자미우주 연방제국의 주인은 조물주 하늘 만생천부 대우주 천황님이시지 기독교, 개신교, 천주교, 유대교, 성공회, 정교회에서 말하는 하나님, 하느님이 아니기에 종교에 열심히 다니며 전 재산을 헌금으로 바쳐도 천상에는 나의 허락 없이는 절대로 올라올 수 없다.

조물주 하늘이 내가 거주하는 곳은 허공이 아니라 자미우주 연방제국이라는 거대한 천상신명정부가 존재하고, 천상황실에서 지배 통치하는 신명정부조직이기에 허락받지 않고 마음대로 오고 갈 수가 없다.

하늘의 복제 쌍둥이가 악(惡)

그런데 황위 찬탈하려고 나를 배신한 역천자 악들이 세운 종교 숭배자들을 열심히 받들어 찬양하며 거액을 헌금했다고 조물주 하늘인 내가 받아 줄 거라 생각하고 있는가? 오히려 종교 믿은 죄를 더 물을 것인데, 육신의 죽음보다 무서운 것이 종교 믿은 죄이다.

지금까지 인류가 맹신하며 믿고 있는 종교 숭배자 신들이 어디 가 있는 줄 아는가? 유일신이라 자랑하던 여호와 하나님과 여호와 하느님, 부처, 미륵, 상제, 알라신, 시바신, 라마신, 천지신명, 예수, 성모 마리아, 석가모니, 마호메트, 공자, 노자, 대산소산의 산왕대신과 산신들, 사해바다 용왕대신과 용왕들, 성황대신과 성황들, 성주대신들과 성주들은 모두 지옥에 수장들이 추포하여 불지옥 적화도로 압송하여 용암지옥에서 모진 고문 형벌들을 받고 있다.

지구 행성에 악들이 누구인가 궁금할 것인데, 슬프게도 대우주를 창조하여 다스리는 조물주 하늘인 나의 천상황실 가족들이다. 지구 행성에 처음으로 토속신, 민속신, 부족신, 나무신, 바위신, 칠성신, 천신, 지신, 인신, 조상신 등을 섬기는 제사장을 만든 것도 악이다.

악(惡)이란 단어가 천상에서부터 내려왔는데, 부끄럽고 분노가 치밀지만 조물주 하늘인 나의 복제 쌍둥이로 창조한 내 동생의 이름이 "자미 악"이고, 제수가 "유영"이며 이들의 수하들이 아수라들이다.

조물주 하늘인 나의 기운을 받아서 천변만화의 조화를 부릴 줄 알게 되는 능력이 생기자 욕심을 부려서 나의 황위 자리를 넘보려고, 황실정부와 천상신명정부 재상과 대신들, 3,333개 제후국의 제후들을 54% 포섭하여 1차 역모 반란을 일으키다가 실패하여 지구 행성으로 도망친 역모 반란군 수괴이다.

그리고 나의 장남이 다스리든 자미천 황궁의 자미황제와 정실 황후 사이에서 아들 하나를 보았는데, 천상 이름 "자미 ○"가 저자 태건당 방상용 총재이다. 나이 11세에 황태자로 책봉되었고, 18세에 황위계승 수업을 이수하기 위하여 언제 돌아올지 모르는 자미우주 연방제국 밖 15개 행성으로 기약 없이 출타하여 외계 행성인으로 차례차례 환생 윤회하게 되었다.

14개 행성에서 조물주 하늘인 ○○천황 "자미 ○"을 찾아내는 황위계승 수업에 실패하고, 15번째 지구 행성에 다시 환생하였다. 천상황실에서 출타할 적에 황태자라는 기억을 모두 삭제시켜서 조물주 하늘의 존재를 찾아내 합체하는 것이 황위계승 수업의 완성이었다.

환생 윤회하였던 14개 외계 행성들은 심판받아 모두 멸망 후 리셋 또는 파괴되어 행성 자체와 행성인들이 완전 소멸되었거나 황무지 행성으로 남아 있다.
"인류 대황제 자미 ○ 방상용" 윤회 환생 행성들

첫 번째 윤회 환생 행성
라켄드로다마테스 외계 행성. 종족 상반신 인간화 말족. 인구 56억 명. 수명 650년. IQ 185. 지구보다 문명발전 230년. 심판 파괴 소행성 충돌 폭발 소멸

두 번째 윤회 환생 행성
라우라우프레몬다 외계 행성. 종족 난쟁이족. 인구 43

억 명. 수명 280년. IQ 410. 지구보다 문명발전 1,100년. 심판 멸종 후 리셋 새 종족 탄생

세 번째 윤회 환생 행성

누트로아움 외계 행성. 종족 뱀족. 인구 77억 명. 수명 230년. IQ 710. 지구보다 문명발전 2,100년. 심판 파괴 소행성 충돌 폭발 소멸

네 번째 윤회 환생 행성

에타쿠온데히스수 외계 행성. 종족 공룡형 얼굴 이티족. 인구 56억 명. 수명 185년. IQ 11,050. 지구보다 문명발전 11,000년. 심판 멸망 후 리셋 새 종족 탄생

다섯 번째 윤회 환생 행성

하운드파캄푸하르 외계 행성. 종족 마녀족(인간 모습). 인구 38억 명. 수명 420년. IQ 980. 지구보다 문명발전 고대문명. 파괴 소행성 충돌 폭발 소멸

여섯 번째 윤회 환생 행성

베다이누시스 외계 행성. 종족 반인반수 도롱뇽족 인간 얼굴. 하체 도롱뇽. 인구 68억 명. 수명 250년. IQ 280. 지구보다 문명발전 2,000년. 심판 파괴 황무지 행성

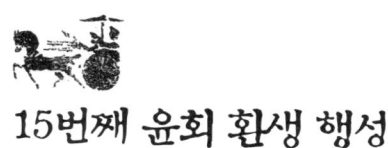
15번째 윤회 환생 행성

일곱 번째 윤회 환생 행성
골든포르테우스 외계 행성. 종족 곰족 겨울 행성으로 곰형 얼굴. 인구 110억 명. 수명 175년. IQ 190. 지구보다 문명발전 고대 종교. 심판 파괴 소행성 충돌 폭발 소멸

여덟 번째 윤회 환생 행성
케라시아데리스 외계 행성. 종족 이티족 길쭉하고 마른 체형. 인구 45억 명. 수명 3,200년. IQ 3,500. 지구보다 문명발전 21,570년. 심판 파괴 소행성 충돌 멸종 소멸

아홉 번째 윤회 환생 행성
스테도나파테스 외계 행성. 종족 개과 늑대족 상체 늑대형 얼굴 하체 인간형. 인구 78억 명. 수명 115년. IQ 415. 지구보다 문명발전 820년. 심판 빙하기로 멸종. 얼음 행성으로 변해 무생명체 황무지 행성

열 번째 윤회 환생 행성

시라게노타리케스 외계 행성. 종족 파충류족. 인구 35억 명. 수명 4,500년. IQ 10,200. 지구보다 문명발전 18,000년. 심판 외계함선 핵 공격으로 멸종. 무생명체 황무지 행성

열한 번째 윤회 환생 행성

세드라크놀데호 외계 행성. 종족 원숭이족 원숭이형 얼굴. 인구 89억 명. 수명 180년. IQ 615. 지구보다 문명발전 1,800년. 심판 파괴 멸망 후 리셋, 새 종족 탄생

열두 번째 윤회 환생 행성

유루쿠암비언스 외계 행성. 종족 인간족. 인구 49억 명. 수명 1,020년. IQ 2,185. 지구보다 문명발전 4,250년. 심판 파괴 소행성 충돌 폭발로 소멸

열세 번째 윤회 환생 행성

위다네트론스 외계 행성. 종족 돼지족 돼지 얼굴형 하체 인간형. 인구 125억 명. 수명 310년. IQ 592. 지구보다 문명발전 800년. 심판 파괴 소행성 충돌 폭발 소멸

열네 번째 윤회 환생 행성

트모데케루오스 외계 행성. 종족 소족 소얼굴. 인구 39

억 명. 수명 220년. IQ 710. 지구보다 문명발전 2,790년. 심판 파괴 소행성 충돌 폭발 소멸

열다섯 번째 윤회 환생 행성

현재 지구 행성, 종족 인간족, 인구 81억 명. 수명 100년. IQ 100. 30년 안에 천황님의 존재를 인정하고 스스로 굴복할 것인가에 따라 지구 운명이 결정된다.

지구 행성의 미래는 반드시 역천자 악들이 세운 종교 기운이 자동 소멸되어 사라지고, 창조의 신이자 태초의 조물주 하늘이신 만생천부 대우주 천황님이 주도하시는 새 세상 도래로 새로운 신인류 세상이 건설되고, 천하세계가 천황님의 나라 하나로 통일되는 인류의 새로운 역사가 재창조되어 이 나라와 세계의 대통령으로 등극하신다.

소행성 충돌을 막아 지구와 인류를 멸망과 멸종으로부터 보호하고, 천황님의 나라가 휘황찬란하게 건설된다.

"인류 대황제 자미 ○ 방상용"이 윤회 환생하였던 행성들은 모두가 멸망 후 리셋, 황무지 행성, 행성 파괴로 완전히 종족이 멸종되어 사라졌다.

환생 윤회하였던 14개 행성들은 모두 온전한 행성들이 하나도 없었으니 지구 행성은 다행히 구사일생으로 만생천부 대우주 천황님의 강림 강세로 멸종과 멸망을 막을 수 있게 되었다. 과연 이 나라와 인류가 어떤 선택을 할 것인지 기다려본다. 지구와 인류의 멸망, 멸종의 운명은 막아내었으니 악들이 세운 종교만 자연 소멸되면 된다.

조물주 하늘 천황님이시자 인류 대황제 자미성인 태건당 방상용 총재의 뜻에 함께 동참하면 상류층이 되어 영원히 부귀영화를 누리게 된다. 돈과 재물이 많고, 권력과 명예가 높은 자들과 많이 배우고 똑똑하며 유식한 자들은 자만, 거만, 교만, 오만으로 기고만장하기에 조물주 하늘 천황님이시자 인류 대황제 자미성인 태건당 방상용 총재를 인정하는 동참자들은 모두 일이 잘 풀리고 귀족이 되어 권력을 누리며 부자가 된다.

15번째 윤회(환생) 행성인 지구에서 결국 조물주 하늘의 존재를 찾아내서 밝히는데 성공하였다. 지구 종말론이 한참 떠들썩하던 1999년에 "나는 누구인가?"라는 화두를 풀려고 유명세를 떨치는 수많은 이인, 기인, 신명제자들을 만나보았다.

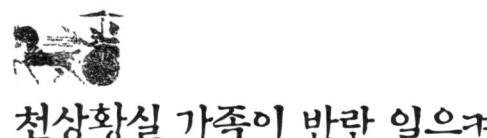

천상황실 가족이 반란 일으켜

나의 존재에 대해서 속시원히 말해 주는 자들은 한 명도 없었다. 20년 만인 2018년도에 천상 자미천 황궁의 황태자임을 알아냈고, 2023년 2월 4일 입춘절 때 조물주 하늘의 존재를 찾아내는데 성공하였는데, 입춘절이 바로 조물주 하늘의 탄신일이었으니 경천동지할 일이었다.

2018년도에 자미천의 황태자가 방상용임이 밝혀졌고, 5년이 지난 2023년 2월 4일에 태상천의 주인인 조물주 하늘의 존재를 공식적으로 알아내면서 조물주 하늘과 하나 되는 태황합체 의식을 거행하여 황위계승 수업을 완성하는 대기적이 일어났다.

태상천의 조물주 하늘인 태상황제 조부 "자미 ○"과 황손(천손)이자 황태자인 "자미 ○" 인간 방상용이 하나되는 신인류 "인류 대황제 자미성인"으로 재탄생하였다.

정치적 상황으로 맞아들일 수밖에 없었던 장남 자미황제의 후궁 황비 "하누"가 있었는데, 후에 아들 하나를 낳았고 이름은 "표경"이었다. 황비 "하누"는 미모가 뛰어나 수많은 재상들, 대신들, 제후들이 탐을 냈는데, 안 넘어가는 자들이 없었다.

황태자궁을 비워 놓은 채 황태자 자미○가 15개 행성으로 황위계승 수업을 위해 언제 돌아올지 모르는 상태에서 기약 없이 출타하자 모두들 수군거리며 황실 분위기가 이상하게 흘러가기 시작하였다.

15개 행성으로 출타하였으면 돌아오지 못할 수도 있다는 생각에 미치자 권력을 잡으려는 자들의 계산들이 복잡하게 돌아갔고, 비어 있는 황태자 자리를 후궁 황비 "하누" 소생인 "표경"으로 앉히자는 물밑 여론이 형성되기에 이르렀다.

수많은 재상과 대신, 제후들이 촉각을 곤두세우며 어떻게 처신해야 되는지 나름대로 정보를 동원하여 어디에 줄을 서야 출세 가도를 달릴 수 있는지가 최대 관심사였는데, 이때 황비 "하누"와 "표경"이 발 빠르게 움직여 세력들을 규합해 나갔다.

언제 돌아올지 기약 없이 떠나간 "자미 ○" 황태자를 마냥 기다릴 수 없었던 수많은 재상, 대신들과 제후들이 갈팡질팡하자 "하누" 소생인 서자 출신 "표경"을 황태자로 책봉해야 된다는 세력들이 점차 늘어나기 시작하였고, 분위기가 바뀌자 배신자들이 늘어났다.

　절반 이상이 "하누"와 "표경"에게 포섭되어 2차 역모 반란을 일으켰다가 정보 누설로 실패하여 지구 행성으로 도망쳐 와서 언젠가 조물주 하늘이 "자미 ○" 방상용 인간 육신으로 강세할 것을 알고서 대적하고자 세운 것이 지구 전체의 온갖 종교세계이다.

　천상황실 가족들이 1·2차 역모 반란을 일으켰으니 조물주 하늘인 나의 분노와 배신이 얼마나 컸을지 상상해 보았는가? 이들의 역모 반란에 동참하였던 자들이 현재 지구 행성에서 살아가는 전 세계 인류 모두이고, 이미 태어났다가 죽은 각자들의 조상들 모두이다.

　지구 행성으로 도망쳐 온 자들도 있고, 1·2차 역모 반란에 가담하였다가 추포되어 재판받고, "자미 ○" 방상용을 만나면 죄를 빌겠다고 약속하여서 말 못 하는 축생이 아닌 사람으로 환생 윤회시켜 주었건만, 하나같이

1·2차 역모 반란군 악들이 세운 종교에 들어가서 종과 노예살이를 하고 있기에 구제불능이라 판단하였다.

돈과 재물을 벌어들이는 데만 혈안이 되어 있고, 높은 권력을 잡아서 무소불위 권력을 휘두르며 세상에 이름을 널리 떨치며 자신들의 부귀영화를 누리는 것을 인생의 목표로 삼으며 천상에서 지은 역모 반란의 죄는 빌 생각조차 안 하며 살아가고 있기에 조물주 하늘은 30년 안에 지구와 인류에 대한 최종 선고를 내릴 것이다.

대우주 최강의 최상위 절대자이자 조물주 하늘인 나를 사칭하고 능멸한 종교인들로 하여금 분노가 폭발했고, 그래서 2024년 2월 4일 입춘 절입시간 17:00에 전 세계를 향하여 종교 자동 소멸을 공식 선포하였다.

결국 악들이 세운 종교 믿은 죄를 빌러 이곳에 들어오지 않으면 인생이 힘들어질 수 있다. 인생이 무너지는 것은 순간이다. 하늘이 내린 인류 대황제 자미성인 방상용 총재와 함께한다면, 목숨을 보존하고, 대재앙이 일어나도 재난의 중심에 서 있지 않게 지켜주고 보호해 준다.

하늘과 신인류 세상을 열어가자

　유대인들에게 하느님 이름을 빼앗기고 살아가는 천손민족, 한민족, 백의민족, 백두민족, 동이족이라면 그 어떤 종교든지 다니지 말고 조물주 하늘이 세우는 종교가 아닌 천황님의 나라로 다함께 동참하여서 잃어버린 천손민족의 자존심을 되찾아 천하세계를 호령하며 지배 통치하는 위대한 국가와 천손민족을 세우자.

　무소불위한 대우주 최강의 최상위 절대자 조물주 하늘 천황님이 방상용 육신으로 강세하셨는데, 천하세계를 정복하지 못한다면 천손민족의 수치 아니겠는가? 언제까지 4대 강대국들의 눈치를 보면서 살아갈 것인가?

　나는 불가능이 없는 절대자 조물주 하늘이니 나와 뜻을 함께하여 세상을 지배 통치하고 다스려 나갈 야망이 있는 정치인들은 여야를 가리지 말고, 민족과 인류의 구심점인 조물주 하늘 자미성인 태건당 방상용 총재를 필두로 국력을 결집해야 하고, 종교를 믿어 유대인들에게 빼앗긴 정신을 찾아 민족 자존심을 되찾는 길에 모두가 동참해야 이 나라 정치를 바로 세울 수 있다.

정치를 잘못 한다고 불평불만하며 대통령과 정부, 집권당만을 비판하며 욕할 것이 아니라 민족과 인류의 구심점인 조물주 하늘 자미성인 태건당 방상용 총재를 필두로 국력을 결집하여 완전히 새로운 형태의 새로운 신인류 세상을 열어나가야 한다.

무소불위한 대우주 최강의 최상위 절대자 조물주 하늘 천황님이 인류 대황제 자미성인 인간 육신 태건당 방상용 총재 육신으로 강세하였는데, 무엇이 무섭고 두려운가? 경제 불황 탓할 필요 없고, 일자리 없다고 걱정할 필요 없다. 나와 함께 하면 천손민족이 원하고 바라는 것을 모두 이루고 초강대국들도 모두 감복시킨다.

구태 정치에 혐오감을 가진 국민들이 무척 많고 정치라면 신물이 나 있을 것인데, 무소불위한 대우주 최강의 최상위 절대자 조물주 하늘 천황님이 방상용 총재 인간 육신으로 강세하여 세우는 하늘의 정당 태건당에 입당하여 국가의 운명을 완전히 바꾸는데 동참하는 것이 국민 모두가 잘사는 길이 열린다.

이 나라의 국격과 품격 위상이 이제부터 세계 정복자 국가, 세계 통치자 국가, 세계 지배자 국가로 급부상하게 되어 천황님의 나라 하나로 천하통일을 이루어 인류가 이제까지 경험하지 못했던 새로운 신세상을 맞이한다.

상상 속의 창조주이자 태초의 조물주 하늘이 인류 대황제 인존태황 태건당 방상용 총재 육신으로 오시어 만생천부 대우주 천황님으로 등극식을 거행하시었기에 상상의 하늘이 아닌 실존하는 현실의 하늘이 되시었다.

그래서 이 나라 국민들이 마지막으로 선택할 수 있는 길이 무소불위한 대우주 최강의 최상위 절대자 조물주 하늘 천황님이 인간 육신으로 강세한 인류 대황제 자미성인 태건당 방상용 총재를 선택하는 길이다. 조물주 하늘의 능력을 어느 인간들이라도 따라갈 순 없을 것이다.

5년마다 돌아가면서 새롭게 대통령을 뽑아봐야 국고만 탕진할 뿐이며, 그 나물에 그 밥이다. 이제 이 나라에 창조주이시자 조물주 하늘이 강세한 인류 대황제 자미성인 태건당 방상용 총재를 원하고 바라는 날이 왔는데, 추대 옹립해 드리는 것이 하늘에 대한 도리일 것이다.

태건당 소속으로 출마하는 국회의원 후보들을 모두 선택해 주면, 개헌 정족수 200명 이상 확보가 되기에 가능한 일이다. 그래서 하늘이 다스리는 천제군주제 국가를 건설해야 전 세계를 지배 통치할 수 있다.

세계 각 나라 대통령을 다스릴 수 있는 능력은 만생천부 대우주 천황님 뿐이시다. 세계 240여 개 다른 나라 대통령을 다스리려면 그 나라를 정복해야 하는데, 지금은 총칼이나 핵무기로도 불가능한 일이다.

하지만 인류의 공통분모인 영과 육의 부모님이신 창조주이시고 무소불위한 대우주 최강의 최상위 절대자 조물주 하늘 천황님이 강세한 인류 대황제 자미성인 태건당 방상용 총재라면 충분히 가능한 일이니 독자들이 앞다투어 태건당에 입당하여 동참해야 한다.

역사는 반복되는 전쟁이고 승자와 패자가 있는 법인데, 이제 세계 인류는 무소불위한 대우주 최강의 최상위 절대자 조물주 하늘 천황님이 강세한 인류 대황제 자미성인 태건당 방상용 총재가 이 나라에 절실히 필요하다.

제7부

천황님의 신비 보호막

인생을 힘들게 하는 악귀잡귀들

사람들 눈에 보이지 않지만 실제로 존재하는 악들과 귀신들이 일상생활에 얼마나 많이 침투해서 개인, 가정, 자영업자, 기업, 국가에 얼마나 큰 영향을 미치고 있는지 일반인들은 가늠조차 못한다.

악들과 귀신들은 무형·무색·무취의 존재들이기에 사람들의 눈에 안 보이니 있는지 없는지조차 모르기에 악들과 귀신이 없다고 생각하며 살아가는 사람들이 전부인데, 자신들 몸과 집, 회사, 공장, 가게에 있다.

빌딩, 아파트, 빌라, 단독주택, 지상과 지하 주차장, 백화점, 마트, 예식장, 영안실, 장례식장, 화장터, 종중 선산, 공원묘지, 산소, 납골당, 납골묘, 수목장, 벌초, 그룹 회장실 및 기업 사무실, 공장, 항공기, 공항, 터미널, 국내 여행, 해외여행, 지상 및 지하철역, 전철, 지하철, SRT, KTX, 버스, 택시, 자가용, 가게, 음식점, 식사, 술

집, 술 담배, 노래방, 당구장, 나이트클럽, 공연장, 각종 집회 현장, 강연 및 선거 연설회장, 정당 당사, 국회, 대법원, 전국 지방법원, 대검찰청, 전국 지방검찰청, 전국 구치소와 교도소, 영화관, 유튜브와 TV 볼 때, 신문 볼 때, 책 읽을 때, 운전할 때, 놀이동산, 등산, 강 낚시, 바다낚시, 성당, 교회, 사찰, 도교 도장, 수련장, 철학관, 역술원, 사주 상담, 무속인집, 굿당, 의식 할 때, 기도할 때, 병원, 온갖 종교 용품, 종교 액세서리, 종교 의복, 염주, 목탁, 성화, 탱화, 불상, 석불, 의원, 한의원, X-레이, MRI 찍을 때, 진료받을 때, 강연 및 상담할 때, 화장실, 책상, 의자, 에어컨, TV, 냉장고, 가전제품, 인터넷, 휴대폰, 전화 통화, 문자 수발신, 합궁할 때, 열쇠고리, 액세서리, 보석, 반지, 시계, 구두, 슬리퍼, 화장품, 머플러, 모자, 의류, 일상에서 사용하는 생필품부터 집기 사물, 음식물, 음료, 술, 고기, 개, 고양이, 새, 애완동물 등등에 이르기까지 인간들의 삶의 터전이 온통 악들과 귀신들이 점령하고 있지만 사람들은 눈에 보이지 않으니 알 수가 없어 방관하고 지내다가 큰 일을 당한다.

이뿐만 아니라 사람 신체 부위마다 귀신들이 들어가 있다. 120조 세포, 혈관, 머리카락, 털, 눈, 눈썹, 속눈썹, 코, 입, 치아, 목젖, 혓바닥, 목구멍, 귀, 심장, 간, 폐,

쓸개, 위장, 삼초, 췌장, 신장(콩팥), 대장, 소장, 엉덩이, 항문, 생식기, 어깨, 등, 척추, 허리, 엉덩이, 고관절, 무릎, 허벅지, 종아리, 발목, 발등, 발바닥, 발가락, 손가락, 팔, 손톱, 발톱 등등에도 독자들과 가족들의 몸에 어마어마한 귀신과 악들이 살아가고 있다.

이외에도 엄청 많지만 생각나는 대로 적은 것인데, 지구 행성은 악마 행성, 귀신 행성이라고 해야 맞을 것이다. 모든 사건 사고, 질병, 사업부진, 가정불화, 단명 등등이 사람들 눈에 보이지 않는 악들과 귀신들로 인해서 발생하는 것이 90% 이상이라서 이들만 정기적으로 퇴치해 주어도 인생에 큰 문제가 없다.

이들 이외에 인생을 힘들게 하는 부류는 각자들의 조상들, 자신의 영혼, 신명들이 살려달라고 구해달라며 절규하는 경우이다. 또한 천상에서 지은 죄를 모르고 빌지 않기 때문인 경우도 많고, 하늘이 내리는 명을 받아 천상으로 오르려는 영들의 외침도 있다.

이 세상 자체가 악들과 귀신들의 세상이기에 이들의 침범으로부터 방해받지 않으려거든 태초의 조물주 하늘이 천황님으로 등극한 인류 대황제 인존태황 태건당 방상용 총재를 친견해서 의식 절차를 밟아 악들과 귀신들을 물리쳐야 한다.

자신의 직계 조상들(사령)과 자신의 영혼(생령), 신명들을 구해 주어야 한다. 조상들 구해서 천상으로 보내는 조상입천 의식, 영혼(생령)을 구해 천상 입천하는 천인합체 의식, 천상의 신명들과 하나 되는 신인합체 의식 등이 있다. 천인합체나 신인합체를 하면 하늘의 신하 신분이 되어 천상의 벼슬을 하사받는다.

기본으로 일단 조상을 구해서 천황님의 나라 정식 백성 신분이 되면 다음부터는 긴급할 때 문자로 아픈 곳을 말해주면 원격으로도 악들과 귀신들을 추포해서 퇴치하기에 직접 방문하지 않아도 된다.

평범한 개인의 경우에는 한 가지 사연에 일반적으로 수백억 령의 귀신과 수백억 령의 악들이 숨어 들어가 있기에 이들을 저승사자들과 용들이 출동하여 즉시 추포하여 동두칠성에 있는 7개 지옥도로 압송한다.

대통령, 국무총리, 장관, 장군, 차관, 고위공직자, 정치인, 재벌 총수, 대기업CEO, 중견기업, 이름난 유명인사들인 가수, 탤런트, 배우와 축구, 야구, 골프, 프로선수들은 한 가지 사연당 수천억 령에서 수조 령까지 귀신들과 악들이 동고동락하고 있다. 기업체가 클수록, 세상에 이름을 널리 알린 유명한 사람들일수록 귀신과 악들의 숫자도 정비례한다.

사업하는 기업 대표들과 권력자, 정치인, 연예인은 사람들을 많이 만나기 때문에 귀신과 악들이 뭉텅이로 들어오기에 1개월에 2회가 적당하고, 최하 1회는 기본으로 귀신과 악들을 퇴치해야 한다. 일반인들은 3개월에 1회가 바람직하고 그 이외에는 일이 막히거나 몸이 아프면 그때마다 수시로 퇴치 의뢰를 하면 된다.

귀신과 악들을 정기적으로 퇴치하면 자영업자의 경우 퇴치 전과 퇴치 후의 매출이 폭증하는 임상사례를 통하여 무수히 체험하였다. 소규모 자영업자들이 이러할진대 재벌 총수, 대기업, 중견기업 대표들이 귀신과 악들을 퇴치하면 기업 매출이 어떻게 변할까? 매출액이 큰 기업일수록 효과를 더 많이 본다.

국회의원 총선에 출마할 후보자들과 광역 및 기초단체장 선거 후보자, 당대표 경선 후보자, 대통령 출마 후보자, 공직 임용 대상 후보자들도 악들과 귀신들로부터 방해받지 않으려거든 퇴치해야 유리하다.

귀신과 악들을 퇴치하면 개인, 가정, 자영업자, 대기업 총수, 중견 기업인, 권력자, 정치인들의 운명이 당일부터 즉시 바뀌기 시작한다. 90% 정도의 사람들은 몸 아픈 곳이 즉시 사라지는 이적과 기적을 체험한다.

나는 세계 인류 모두가 수천수만 년 동안 기다리며 찾아 헤매던 구원자이자 심판자(공포의 앙골모아 대왕)로서 대우주를 창조한 태초의 조물주 하늘인데, 인간 육신 방상용 총재와 태황합체로 하나가 되어 인류 대황제 인존태황과 천황님으로 불리기에 천상지상 신명들인 수많은 용들과 영물들, 염라국 대왕과 저승사자들에게 명을 내리면 즉시 귀신과 악들을 추포하여 지옥도로 압송한다.

처음에는 인연을 맺기 위하여 천황님의 나라로 방문하여야 하지만 그다음부터는 긴급하면 원격으로 악들과 귀신들을 추포하여 지옥도로 압송하여 물리치기에 즉시 효과가 나타난다.

종교에서 누구를 찾고 기다리나

인간들에게는 거리가 장애가 되지만 태초의 조물주 하늘과 천상지상 신명들인 수많은 용들과 영물들, 염라국 대왕과 저승사자 신명들에게는 시공간의 거리가 존재하지 않고, 지방이든 외국에 있어도 수초 이내로 그곳에 있는 귀신과 악들을 추포하여 심판하고 지옥도로 압송하기에 즉시 퇴치 효과가 나타난다.

악들과 귀신들이 추포 당하지 않기 위하여 지구가 아닌 다른 대우주 행성으로 멀리 도망친다고 하여도 아무 소용이 없다. 명을 내리면 저 멀리 100경 광년 떨어져 있더라도 수초 이내로 추포해 온다. 그래서 시공간의 거리에 상관없이 원격으로 악들과 귀신들을 추포하여 심판하기 때문에 질병이 낫고, 막힌 일들이 풀어지는 것이다.

이런 무한 천지대능력을 가진 능력자는 지구 행성에 태초의 조물주 하늘이 천황님으로 등극한 인류 대황제 인존태황 태건당 방상용 총재뿐이다. 생사를 넘나드는 시한부 삶을 사는 자들도 한 가닥 희망이 있다. 현대 의술로도 속수무책인 질병들이 많은데, 100%는 장담 할 수 없지만 항상 1%의 소생 가능성은 있다.

사실 불가능이 없지만 각자들이 하늘인 나에게 천상에서 지은 죄가 많아 용서받지 못할 큰 죄를 지은 자들은 천상에서 지은 죄를 기록한 천생록을 뽑아서 판단한다.

앞으로 글을 읽고 공감하여 하늘인 나와 함께 하는 국민 여러분들은 무수한 이적과 기적을 일상생활에서 체험할 것이다. 인간들이 상상조차도 못 했던 무궁무진한 신비스러운 일들이 일어난다.

너무나도 대단한 능력을 가진 태초의 조물주 하늘이 천황님으로 등극한 내 화신이 인류 대황제 인존태황 태건당 방상용 총재인데, 세상 사람들이 알아보지 못하고 있다. 악들이 세운 종교에 깊게 세뇌당하여 진짜 하늘이 내려왔다고 알려주는데도 믿지를 못하고 있다.

세상 사람들이 놀랄만한 불가능이 없는 무한 능력자이다. 천지의 기후변화, 기상이변, 괴질병, 천재지변을 다스리고, 천상지상 신명들을 다스리며 하명을 내리고 대우주 행성들과 행성인들을 지배 통치하고 있다.

종교숭배자들과 종교지도자들, 종교 신도들이 애타게 찾으며 기다리던 태초의 조물주 하늘이 천황님으로 등극한 인류 대황제 인존태황 태건당 방상용 총재가 되었고, 지구와 인류의 운명은 나의 손에 달려 있다.

지구와 인류의 운명 권한도 내가 갖고 있다. 대한민국을 전 세계 최고의 부자국가로 만들어 주는 것도 나의 권한이다. 인간들의 행복한 삶을 만들어 주는 것과 인간들, 조상들, 영혼들, 신들의 생사 운명도 모두가 나의 고유영역이자 고유권한이다.

지금 종교 다니는 자들아~! 종교 안에서 누구를 찾고, 누구를 기다리고 있는 것인가? 너희들이 믿었던 온갖 종교의 모든 숭배자들은 몽땅 악들이었단다. 그들은 이미 동두칠성 제3별 불지옥 적화도에서 뜨거운 모진 불고문 형벌들을 받고 있는 중이니라.

그래서 너희들을 구하러 올 수도 없고 구할 능력도 없느니라. 이제 종교인들에게 그만 좀 속거라. 종교가 무너지느니라. 진짜 하늘이 너희들을 부르니라. 못 믿겠으면 너희들 몸에 들어와 있는 악들과 귀신들을 빼내면 내가 진짜인지 가짜인지 너희들 스스로가 온몸과 일상생활을 통해서 달라진 것을 알 수 있을 것이니라.

종교에서 하늘의 좋은 기운을 받아온 것이 아니라 악들과 귀신들이 주는 나쁜 기운들만 잔뜩 받아갖고 왔기에 너희들과 가족들의 인생, 가게, 기업들이 엎어지고 뒤집어져 무너져 내리고 있는 것이니라.

너희들 조상 대대로 악들이 세운 종교를 믿어 왔으니 그 죄가 얼마나 크겠는가? 너희들을 구해주는 곳은 종교 세계가 아니라 태초의 조물주 하늘이 천황님으로 등극한 인류 대황제 인존태황 태건당 방상용 총재가 창업한 종교가 아닌 천황님의 나라뿐이니라.

하늘인 나는 종교를 자동 소멸시키러 왔느니라. 천상 황실가족들인 악의 원조 자미 악, 처 유영, 며느리 황비 하누, 서손 표경과 수하들이 나를 배신하고 1·2차 역모 반란을 일으킨 악의 씨들을 말리고, 인류를 구원하기 위해서 지구 행성에 내려와 존재를 밝히는 것이니라.

하늘은 원과 한도 없고, 근심 걱정 하나도 없이 천하태평으로 지낼 것이라고 누가 말했던가? 하늘의 아픈 진실을 모르니까 그렇게 생각했을 것인데, 지구 행성에 종교를 세운 자들이 하늘의 원수들인 악들이다.

창조주이자 태초의 조물주 하늘 만생천부 대우주 천황인 나의 천상황실 가족들이었는데, 황위 찬탈을 위한 1, 2차 역모 반란을 일으켜 실패하자 지구 행성으로 도망쳐 와서 세계 곳곳에 악들의 기운을 뿌려 놓은 종교를 세웠다.

악들은 만생천부 대우주 천황님으로 지구 행성에 언젠가는 강림 강세할 것을 알고서 미리 종교를 세워서 세뇌시켜 놓고 하늘의 부모를 만나도 몰라보게 만들었다. 역모 반란군 악마들 주제에 인류를 구원한다고 현혹하고 회유하여 인류의 정신을 완전히 정복하였다.

인간들은 천상에서 일어난 역모 반란 사건을 알 수 없으니 종교를 세운 악마의 실체를 알 수가 없었던 것이고, 속아 넘어갈 수밖에 없었다. 진짜 하늘이 아닌 이상 어느 누가 감히 하나님, 하느님, 부처님, 상제님, 여호와, 석가, 예수, 성모 마리아가 악마들이라고 주장하겠는가? 그러나 진실은 승리하였고, 종교는 악들과 함께 사라질 것이다.

소원성취 도법주문 창시

　인간들은 자신들이 원하고 바라는 소원을 이루기 위해서 교회, 성당, 사찰, 굿당, 사원, 명산, 바닷가, 강가에서 끊임없이 기도발원을 밤낮을 가리지 않고 올리고 있는데 소문난 기도터에는 사람들이 끊이질 않는다.

　그럼 천황님의 나라에서는 소원성취 기도를 어떻게 할까? 여기는 기도라는 것을 일체 용납하지 않기에 기도 자체가 없다. 기도는 한마디로 만생천부 대우주 천황님께 소원 들어달라며 맡겨 놓은 복을 내놓으라는 불경스럽고 뻔뻔한 못난 행위와 같기에 소원성취를 위해 하늘 앞에 기도나 절하는 것을 금지하고 있다.

　그러면 인생사 답답한 일들을 어떻게 풀어 나가느냐고 하소연할 것인데, 여기서는 천황님으로 등극한 인류 대황제 인존태황 태건당 방상용 총재에게 직접 문자 메시지로 소원 내용을 보내오면 윤허해 주고 소원성취 도법주문 내용을 내려주면 3분~10분 정도 시간 날 때마다 도법주문을 수시로 외우면 당일 즉시 이루어지는 것도 있고, 사안에 따라서 시차를 두고 신묘하게 모두 이루어진다.

사람들 각자들에게 사연들이 천차만별이기에 해당 사연에 맞는 도법주문을 창시해서 내려주어 외우면 신비롭게 소원이 이루어진다. 이것이 만생천부 대우주 천황님께 죄를 안 짓는 가장 현명한 일이다.

만생천부 대우주 천황님께 복달라고 빌면 "나한테 맡겨 놓은 보따리(복) 있더냐?"라고 반문하시면서 엄청 불쾌해 하시기에 기도 행위 자체를 원천 금지하였다.

그래서 소원성취 도법주문을 창시해 낸 것이고, 필요에 따라 수시로 주문을 외워서 소원을 성취할 수 있게 해주었기에 기도 행위로 인하여 하늘의 심기를 불편하게 해드리는 일은 없어졌다.

지구 행성에 떨어지기 전에 천상에서 역모 반란 가담이란 태산 같은 대역죄를 지어 재판받고 쫓겨 내려왔는데, 주제 파악도 못 하고 감히 복을 내놓으라고 기도하는 행위자체가 앞뒤 말이 안 맞고, 하늘을 분노케 하는 일이다.

천황님의 나라 신하와 백성들은 일절 각 종교 단체인 교회당, 성당, 사찰, 사원, 굿당과 산이나 강, 바다에 가서 기도하는 행위는 일절하지 않는다. 기도하는 행위 자체가 악신, 악마, 악령, 악귀와 온갖 귀신들을 불러들이는 아주 위험한 행위이다.

이곳은 촛불, 향불, 옥수 올리는 종교적 행위를 일절 용납하지 않는다. 이런 것들이 모두 악들이 지구 행성에 내려와 만든 풍습들이기에 배척한다. 그러므로 힘들게 산꼭대기에 올라가서 산신이나 바닷가와 강가 용왕에게 기도하러 다닐 필요도 없고, 교회당, 성당, 사찰, 굿당, 사원, 법당서 철야 기도할 필요 없다.

소원성취 도법주문이 가장 정확하고 빨리 소원이 이루어진다. 종교나 명산대천에서 기도하는 행위와는 비교조차 할 수 없을 정도로 신통하고 효과가 빠르다. 그래서 못 이룰 소원이 없는 천황님의 나라이다.

몸이 아픈 사람들은 질병 퇴치 도법주문을 외우든가, 악귀잡귀 퇴치식을 행하면 해결된다. 병원에서 수술해야 할 질병은 병원으로 가고, 약을 먹어야 할 질병은 약국으로 가고, 병원과 약국에서 치료가 안 되는 병명 없는 질병들은 도법주문이나 악귀잡귀 퇴치로 해결된다.

소원성취 도법주문
○○○ ○○으로~ (이름) 천만사통 소원성취
01) (이름) 천만사통 소원성취
02) (이름) 세포재생
03) (이름) 금은자래 속속도래
04) (이름) 살인 감기 몸살 즉멸
05) (이름) 악귀 잡귀 병마 즉멸
06) (이름) 코로나19 감염방지
07) (이름) 교통사고 예방
08) (이름) 화재발생 예방
09) (이름) 차사고 예방
10) (이름) 기침 즉시 멈춤
11) (이름) 콧물 즉시 멈춤
12) (이름) 코막힘 즉시 해소
13) (병명) 통증 즉멸
14) (이름) 금전 회수 즉시 성사
15) (이름) 억만금전 급급만래
16) (이름) 시험합격/수능합격/고시합격/즉시취업
109) 추가로 일상생활에 필요한 93개 도법주문

독일 아돌프, 히틀러 예언

신인(神)들의 출현을 예언한 히틀러!

"1999년 이후 인간 사회는 둘로 나뉜다. 인류도 세계도 양극으로 나뉜다. 모든 면에서 격심한 양극 변화가 일어난다. 그 거대한 실험장은 동방 땅이다. 인간에 관해서 천지창조는 끝나지 않았다.

인류는 곧 다음 단계로 올라갈 새로운 문 앞에 서 있다. 새로운 종족(대우주 천황님의 신인류)이 윤곽을 나타내기 시작하고 있다. 그것이 초인적인 종족이다. 그들은 새로운 초인이 되려 하고 있다. 완전히 자연과학적인 돌연변이(신인합체)에 의해서다. 그리고 대 파국이 일어난다. 그러나 구원의 예수 그리스도 따위는 오지 않는다.

다른 구세주(대우주 천황님)가 온다. 그때 인류를 구하는 것은 인류를 넘어선 신인(神人)들이다. 그들이 새로운 세계와 새로운 종교(세계 통일 국가)를 만든다."

북극이나 남극 지방의 빙하지대가 단번에 녹아내려 해면도 100미터 가까이 상승하여 연안 도시는 모두 침몰하게 된다. 이러한 위기의 상황 속에서 새로운 두뇌를 가진 사람(대우주 천황님 인간 육신 강세)이 '태양의 나라'에 나타난다고 노스트라다무스는 예언했지만 히틀러는 더욱 상세히 그리고 더 무시무시하게 말했다.

　"2039년(천기 39년) 인류는 사라져 버린다. 왜냐하면 인류는 2039년 이후 인류 이외의 것으로 진화하든가 아니면 퇴화해 버리기 때문이다. 더 자세하게 이야기하면 인류의 일부는 현재의 인류보다 높은 지능으로 진화되어 神에 가까운 존재가 된다.

　인류로부터 신으로 진화하기 때문에 그것을 '神'(천황님)이라고 불러도 상관없다. 그들은 지금의 인간보다 몇 차원 높은 지능과 힘을 지닌다. 그들 신인은 단결하여 지구를 정복한다. 그때까지의 모든 위기나 문제는 그들 신인(神人)들의 지능으로 급속히 해결되어 나간다.

　그러나 나머지 대부분의 인류는 일종의 기계가 되어 있다. 그저 영파 조종에 의해 일하기도 하고 즐기기도 할 뿐인 완전한 '로봇 생물'이 되는 것이다.

자신들의 의식으로는 스스로 선택하여 마음대로 살고 있다고 생각한다. 그러나 사실은 신인(神人)들이 모든 것을 꿰뚫어 보고 대형 농장의 가축과 같이 그들을 사육하는 것이다. 그리하여 인류는 완전히 둘로 나뉜다.

하늘과 땅처럼 둘로 나뉘어 제각기 진화의 방향으로 전진하기 시작한다. 한쪽은 한없이 神에 가까운 쪽으로 다른 한쪽은 한없이 기계에 가까운 쪽으로 말이다. 이것이 2039년의 인류이다.

그 후로도 인류는 이 상태를 지속한다. 그리하여 2999(천기 999년)년에 걸쳐 완전한 신들과 완전한 기계 생물만의 세계가 완성된다. 지상에는 기계 인간의 무리가 살고 신인들이 그것을 지배하게 되는 것이다. 21세기 인류는 神人(신인)으로 변화한다.

그러면서 히틀러는 기독교인들이 기다리고 있는 재림 예수는 결코 오지 않는다고 말한다. 그 대신 인간이 탈겁중생하여 신인(神人)이 된다고 말한다. '인간은 예수 그리스도나 여호와를 맹신하여 믿고 따르지만 그러나 결코 오지 않으며 그건 유태인이나 기독교의 환상이다.'

나는 분명히 말하는데 그런 구세주는 정말로 오지 않는다. 그 대신에 인류는 구원의 신(천황님)을 낳게 된다. 그들은 지능이 몇 차원 높을 뿐 아니라 겉모습은 인간과 다르지 않으나 神(천황님)에게는 어떤 위험한 독이나 살인광선을 쬐어도 죽지 않는다. 이유인즉 신경도 내장도 다른 차원으로 진화되어 버렸기 때문이다.

이때에는 전혀 다른 두 종류의 사람이 섞여 산다.
생식 욕구가 없어 생산하지 않는 사람들과 생식 기능이 있어 자식들을 생산하는 사람들, 먹지 않아도 되는 사람들과 먹어야 되는 사람들, 죽지 않는 사람들과 죽어야 하는 사람들로 나뉘어 살아가게 된다.

그리고 드디어 모든 사람들은 그 사람(천황님) 앞에 설 것이다. 어떤 이는 기쁨으로 어떤 이는 두려움으로…. 그로부터 미움이나 전쟁은 없어지고 사람들은 신의 품 안에서 살게 될 것이다. 아시아와 유럽 등지에서 종교적 반란(종교대혁명)이 크게 일어난다. 아시아의 작은(한국) 나라에서 메시아라 할 수 있는 신(천황님)이 나타난다.

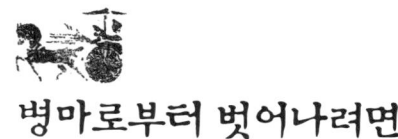
병마로부터 벗어나려면

  이 세상은 불원간 혼란을 맞이하고 새로운 신인류가 재탄생하면 새롭게 바뀐다. 창조가 있으면 파괴가 있듯이 태어났으면 소멸이 자연의 순리에 부합하기 때문이다.

  6,600만 년 전에 중앙아메리카 멕시코 유카탄 반도 칙술루브에 지름 10km의 에베레스트산만한 소행성이 시속 108,000km 속도(제트기보다 100배 속도)로 충돌하여 공룡이 멸종되었듯이 불원간 과거의 지구 역사가 되풀이될 것으로 보인다. 공룡에게 최후의 날이 있었듯이 인류에게 어느 날 갑자기 최후의 날이 다가올 수 있는데도, 아무도 관심 갖고 있는 사람들이 없다.

  살아서만 잘 먹고 잘 살다 죽으면 된다는 안일한 생각 때문에 죽음 이후 세상을 철저히 준비하는 사람들이 없다. 종교 숭배자들을 열심히 믿으면 좋은 세상으로 다시 태어난다는 망상을 갖고 살아간다.

문명을 가진 생명체가 살아가는 외계행성들은 무수히 많지만 인류가 외계 행성들을 확인할 탐사 장비와 기술력이 부족하기에 상상으로만 생각할 뿐이다.

현재 세상을 살아가는 모두는 새로운 수명 연장 로봇이 개발되지 않는 이상 몇십 년 안에 이 세상에 사라진다. 앞으로 미래 세상은 오장육부와 두뇌, 눈, 코, 입, 귀, 손과 발의 신체 모든 기능들을 불멸하는 로봇으로 대체하는 첨단의학이 발달한다. 단 시간이 얼마나 걸리느냐의 차이만 있을 뿐이다.

이런 첨단문명 혜택을 누릴 사람들은 많지 않아 처음에는 특수계층 사람들만이 누릴 것이지만, 점차 시간이 지나면서 일반인들도 누릴 수 있게 된다. 이때는 수명의 한계가 무의미할 정도이다. 영원히 멈추지 않는 심장이 개발될 것이기 때문이다.

그래도 사람들은 태어나면 언젠가는 죽어야 하는 것이 정해진 운명인데, 죽음 이후의 세상을 알고서 준비하느냐, 아니면 무시하고 살아가느냐이다.

죽으면 육신이 없어지기에 아무런 고통도 느끼지 못할

것이라고 생각하며 살아가는 사람들이 전부인데, 영혼들은 육신이 없어도 고통을 그대로 느낀다. 그래서 몸 아파 죽은 부모 조상들이 있으면 자손의 대를 이어가며 똑같은 질병을 앓게 된다.

사람들은 이것을 가족력 또는 유전이라고 말하지만, 사실은 조상 영혼들의 빙의이다. 조상대대로 같은 질병이 이어지는 가문이 많다. 이런 가문은 이곳에 들어와서 조상입천(천도) 의식을 행하면 유전되었던 질병이 사라지거나 낫는 경우가 많다.

그래서 영혼들의 세계가 신비스러운 것이다. 조상입천(천도)으로 수많은 질병들이 사라지거나 낫는다. 질병을 일으킨 병마(귀신)를 퇴치함으로 병원에서 고치지 못하는 고질병이 사라지기도 한다. 귀신 질병을 치유하는 유일한 길이 이곳에 있다. 현대 첨단의학으로 치료할 질병이 있고, 영적으로 치료해야 할 질병이 있으니 판단을 잘 해야 한다.

우선은 수술할 질병이라도 자신의 조상입천(천도)과 병마 귀신퇴치 의식을 행하고 나서 수술을 받아야 더 좋은 효과를 얻게 된다. 몸이 아프지 않는 사람들이 없는데,

통증을 일으키는 증상이 크냐 작냐의 차이만 있다.

저자를 만나면 인생에 문제를 일으키는 조상과 귀신의 모든 영적 장애를 해결할 수 있다. 조상들이 수십 수백 년 전에 지은 업보로 인해서 자손들이 질병을 앓고 살아가는 경우도 많기에 이런 부분은 의학적으로 어렵다.

저자를 만나 조상입천(천도)과 귀신퇴치 의식을 행하면 가벼운 영적 장애는 해소된다. 병원과 약국에서 고칠 병이 있고, 하늘 천황님의 기운인 조상입천(천도)과 귀신퇴치로 고칠 질병이 있다.

질병이 100% 완전히 소멸되는 사람과 일부만 좋아지는 사람들도 있다. 몸에 질병이 없는 사람들은 찾아보기 어렵다. 아픈 것이 심하냐 덜하냐의 차이일 뿐이다. 그러려니 하고 살아가는 사람들이 대부분이다.

영적인 질병에서 먼저 벗어나야 육신적인 질병에서 벗어날 수 있다. 원인을 알면 쉽고, 모르면 어려운 일인데, 이곳에서 모든 해답을 찾을 수 있다.

제사, 차례, 성묘 안 지내도 돼

   자신들이 생전에 벌어 놓은 돈과 재산을 어떻게 쓰고 세상을 떠나야 하는지 걱정하는 사람들이 많다. 자식에게 물려주거나 사회단체에 기부한다. 자식들과 의절한 부모들은 고민이 이만저만이 아닐 것이다.

   죽은 뒤에 제사, 차례, 성묘라도 받으려면 자식들에게 물려주어야 하는데, 이러지도 저러지도 못해 난감하다. 매장이나 납골묘, 납골당에 모시고 매년 기일과 명절 때 제사와 차례를 지내야 하는가 많은 궁금증들이 있다.

   제삿밥을 잡숫고 가시는지 알 수 없기에 안 지내는 사람들도 있고, 부모 조상에 대한 도리라고 생각하며 지내는 사람들이 있다. 옛날에는 3년 시묘살이 풍습도 있고, 3년 동안 상청을 설치하고 아침저녁으로 상식을 올렸고 대상, 소상의 큰 제사를 지냈던 시절이 몇십 년 전이다.

생활수준이 나아지고 시대 상황이 많이 바뀌어 모든 것이 간소화되고 가문이나 가족 단위 생활보다 개인적인 생활 위주로 세상이 바뀌어서 장례 문화, 제사와 차례, 성묘 문화가 모두 간소화되거나 생략되고 있다.

제사와 차례 문제로 다투는 가정도 많은데, 요즘 신세대 주부들은 제사와 차례를 지내기 싫어한다. 지내는 가정도 제사 음식을 직접 장만하는 가정은 드물고, 모두 시장에서 사다가 준비하는 것이 일상이 되었다.

매장묘지, 납골묘, 납골당 조성이 필요 없고, 제사와 차례를 지내지 않아도 되는 신비 의식이 있다. 이 모든 전통 방식은 부모 조상님의 혼령이 이 땅에 존재한다고 믿기 때문에 이루어지는 일이다.

부모 조상님이 원래 왔던 천상의 고향 태상천으로 돌아가시게 해드리는 조상입천(천도)를 올리면 전통 제례 문화가 일절 필요 없어진다. 제례문화는 부모 조상님들이 이 땅에 있을 때만 필요한 것이다.

조상입천(천도) 의식으로 원래의 고향인 이상향의 유토피아 무릉도원 세상 태상천으로 돌아가시었기에 먹고 입고 살아가는 데는 아무런 근심 걱정이 없다. 춥고 배고픈 귀신의 신분에서 하늘의 백성으로 다시 태어나는 대영광을 누리기에 이 땅에서 모든 제례 절차를 행하지 않아도 아무런 탈이 안 생기고 더 좋은 일들이 일어난다.

하늘 천황님의 강한 기운이 무궁무진 내리고, 하늘이 보살펴주시기에 천상명당이니 금시발복한다. 돌아가신 부모 조상님들이 편해야 자손들이 편하다는 말은 많이 들어보았을 것인데, 이는 동기감응 때문이다.

같은 핏줄로 좋은 기운이 내린다는 뜻이다. 그래서 옛날부터 명당 타령들을 많이 하였던 것이다. 속담에 논두렁 정기라도 받아야 면서기(국가공무원 8급 서기 행정직)라도 할 수 있다고 하였다. 그만큼 풍수사상에 많은 사람들이 관심을 갖고 부모 조상님들을 뫼시었다.

옛날이나 지금이나 명당자리 찾기란 보통 어려운 일이 아니고 찾았다 한들 명당자리는 부르는 게 값이다. 많은 명당이 있는 것도 아니기에 지상명당보다 태상천 천상명당이 가장 현실적이고 비용적으로도 저렴한 편이다.

이 세상에서 자신의 부모 조상님들을 가장 편안하게 잘

모실 수 있는 곳은 천황님의 나라 태상천이다. 단 1번의 조상입천(천도)의식으로 천상으로 오르시기 때문에 두 번 다시 조상 천도 의식이나 조상굿, 매년 제사, 차례를 지내지 않아도 된다.

이곳에서 조상입천(천도) 의식을 행하여 천상으로 돌아간 부모, 조상, 형제, 자매, 배우자, 자녀 등 가족 영가들은 허공중천 구천세계를 떠돌던 춥고 배고픈 귀신의 신세에서 태초의 조물주 하늘의 백성으로 다시 태어나므로 사시사철 옷 걱정, 추위와 더위 걱정, 배고픔의 고통에서 벗어나 신선 선녀와 같은 이상향의 세상에서 살 수 있다.

그래서 여러분의 영과 육을 태초로 창조하신 조물주 하늘이신 천황님의 백성이 되어야 지옥세계로 떨어지지 않고, 춥고 배고픔의 고통에서 영원히 벗어난다. 살아서의 가장 큰 고통은 배고픔의 서러움이다.

지금은 먹고 살만하니까 밥을 굶는 사람들이 거의 없지만 옛날에는 하루 세 끼 먹는 집안이 드물었을 정도로 하루 두 끼나 한 끼를 먹고 살았다. 그것도 쌀밥과 고깃국을 먹기 힘든 시절이었다. 그래서 옛날에는 설날과 추석 명절과 제삿날을 많이 기다렸다.

벌어 놓은 돈 다 쓰고 죽어라

　돈을 많이 번 사람들에게 해당하는 말인데, 어떻게 많은 돈을 다 쓰고 죽으라는 것인지 정답을 찾기가 매우 어렵다. 자신이 벌어 놓은 자산은 죽으면 배우자와 자식들에게 상속되어 50%를 세금으로 납부하여야 한다.

　수 억, 수십 억, 수백 억, 수천 억, 수조 원, 수십조 원을 번 자산가들은 자신의 죽음 이후 사후에는 국가 소유 또는 배우자와 자식들의 소유권으로 넘어가고 죽은 당사자는 빈털터리 상거지 신세로 전락한다.

　육신 살아서는 부자였고 재벌 총수였지만, 육신의 죽음과 동시에 아무것도 가진 것 없는 처량한 거지 신세가 따로 없다. 많은 재산은 배우자와 자식들에게 넘어가서 권리 행사를 하나도 할 수 없으니 돈은 그림의 떡이다.

　각자들이 이 땅에 내려오기 전 천상에서 지은 죗값을

천황님께 바치고 죽어야 하는데, 이런 진실을 몰라서 그냥 죽고 보니 앞이 캄캄하다. 살아생전 열심히 믿었던 종교적 신앙의 숭배자들 이름을 목이 터져라 부르며 구해달라고 외쳐 보아도 아무런 응답이 없다.

그들 숭배자들은 대우주의 주인이 아니고, 영혼의 부모님도 아니기 때문에 나타날 수가 없다. 육신 죽어서 구원받는다는 것은 엄청난 행운아이다. 그것도 착한 자손을 둔 부모 조상들이나 해당된다.

각자들이 "벌어 놓은 돈을 다 쓰고 죽어라"는 말이 명언이기는 하지만 어디에다 어떻게 그 많은 돈을 써야 할지는 막상 망설여진다. 사고 싶은 것 다 구매하여도 돈을 다 쓸 수가 없기 때문에 고아원, 양로원, 대학병원에 기부하는 사람들이 많이 있다.

자신이 벌어들인 돈을 가장 효과적으로 쓰는 방법은 자신의 부모 조상님 구원하는 조상입천제(천도) 의식비와 자신과 가족들의 사후 지옥을 면하고 천상으로 직행하는 천인합체와 신인합체 의식을 행하는 일이 가장 현명하고, 나머지는 천황님께 죗값으로 바치면 천상은행에 예치되는데, 자신들이 천상에 오르면 사용할 수 있다.

이곳에서 행하는 모든 의식들은 태초의 조물주 하늘이신 천황님의 명으로 이루어지기에 천상의 태상천 은행 자신의 계좌에 예치하는 것과 동일하다. 천황님께 바친 금전은 자신의 사후세계를 보장받게 해준다.

　자신이 사망한 후 배우자나 자식들에게 넘어간 재산은 언젠가 모두 사라지지만, 천황님께 바친 금전은 살아서든 죽어서든 영원히 사라지지 않고, 자신들의 사후세계 천상 삶을 윤택하게 만들어 준다. 자신들의 가장 안전한 투자처가 영원한 천황님이신 것이다.

　천황님께 바치는 것이 자신의 이름으로 천상 은행에 예치하는 것이기 때문에 가장 확실한 보험을 든 것이다. 육신 살아서 돈을 많이 바칠수록 자신들의 사후세상이 편안해지고, 신분(계급) 상승이 이루어진다.

　천상세계 황실정부는 방대한 신명정부이기에 자신들이 살아서 천황님께 얼마를 바치고, 기여도에 따라서 사후세상 신분이 정해진다. 태상천 황실정부의 제후(왕), 재상(총리), 대신(장관)도 될 수 있는 길이 열려 있다.

　돈은 각자들의 피와 땀이고, 제2의 목숨이며 진실의 열매이기에 가장 소중하게 평가한다. 말로 백번 말하는 것보다 한 번 행을 표시하는 수단이 돈이다. 그래서 손바닥 뒤집듯이 수시로 바뀌는 말로 하는 충성 맹세는 천황님께서는 일절 받지 않으신다.

지금 죽지 않고 살아서 이 글을 읽는다는 것은 천운아에 속하지만, 행으로 하는가에 따라서 각자들의 운명이 달라진다. 무시하고 부정하는 사람들은 고통과 불행의 연속이고, 행하는 사람들은 영원한 행복이 보장된다.

여러분이 원하고 바라는 행복한 세상의 주인이 천황님이시다. 종교적으로 알려져 있는 하나님, 하느님, 상제님, 부처님, 알라신, 천지신명님이 주인이 아니라 더 높은 최고의 전지전능한 절대자 하늘이 천황님이시다.

종교에 들어가서 열심히 하나님, 하느님, 상제님, 부처님을 찬양하며 믿고 따르면 천국, 천당, 극락, 선경세상으로 올라가지 못한다. 악들이 뿌린 종교지옥의 시험장을 탈출하는 자들이 승리자들이다. 어중이떠중이, 개나 소나 다 들어가는 종교가 지옥세계 입문하는 지름길인 줄 어느 누가 알겠는가? 지옥문은 넓게 활짝 열려 있고, 천황님의 나라로 올라가는 천상의 문은 단 한 곳뿐이다.

가족들 천인합체로 숨겨진 보물 찾아

자신들의 천인합체 의식만 행하고 가족들의 천인합체 의식은 행하지 않는 사람들이 있는데, 사명자들은 가족들에게 감추어진 보물을 찾기 위해서라도 반드시 가족들의 천인합체의식을 행해주어야 한다.

가족 당사자는 고차원적인 영적세계를 이해하지 못하기 때문에 천인합체 의식의 중요성을 설명할 필요도 없고, 동의를 구하지 않아도 된다. 자신들이 숨겨진 복을 받기 위해 가족들 천인합체 의식을 행해주는 것이기에 가족들에게 일절 금전 부담을 전가시켜서는 안 된다.

가족들의 천인합체 의식으로 가족들에게 숨겨진 보물을 찾아야 한다. 각자 자신들의 가족이 혈육으로 맺어진 것에는 다 이유가 있다. 부모, 배우자, 자식, 손자, 손녀, 형제, 자매, 조카들에게 감추어 놓은 하늘의 보물들이 있는데, 이것은 가족들의 천인합체 의식을 통해서만 밝혀진다.

가족들의 천인합체 의식으로 가족을 구원해 주는 것은 각자들의 사명감이자 공덕을 쌓는 일이다. 또한 본인들의 죄가 그만큼 감해지고, 천상예치금으로 저축된다. 지구 행성에서 살아생전 가족들을 몇 명이나 구원해 주었느냐가 각각의 시험 성적 평가에서 높은 점수를 받는다.

가족들의 천인합체를 해주면 죽어서 천상에 올라가서도 다시 만날 수 있는 기회를 만들어 준다. 자신의 가족들에게 과연 어떤 보물들이 숨겨져 있는지 살아생전 보물상자를 열어봐야 하지 않겠는가?

가족들을 다 구원해 주고 이 세상을 떠나는 것이 사명자가 이 땅에서 행해야 할 임무 완수이다. 천인합체 의식을 행하여 천인의 신분일 때와 백성으로 있었을 때의 기운이 다르다는 것을 모두가 생활에서 느껴보았다.

자신의 부모, 배우자, 자식, 손주들을 살아서든 죽어서든 하늘의 사랑과 보호 속에 살아가도록 천인합체 의식을 해주어야 한다. 죽어서 지옥과 윤회 환생을 면하고 천상으로 즉시 돌아가게 해줄 수 있는 유일한 것이 천황님의 나라 태상천에서 행하는 천인합체 의식이기에 가족들의 지옥세상과 윤회를 막아준다.

지옥세계와 천상세계, 윤회(환생)세계의 주인이 태초의 조물주 하늘이신 천황님이시기에 허락을 받지 않는 이상 종교를 조상대대로 아무리 일평생 열심히 다녀도 천상으로 돌아갈 수 없고, 지옥세계와 윤회의 굴레에 영원히 **빠져** 버리게 된다.

세상에 널리 오래도록 알려진 종교가 진짜인 줄 알고 조상대대로 믿으며 다니고 있지만, 태초의 조물주 하늘이신 천황님이 강세하시어도 몰라보게끔 여러분의 눈과 귀를 종교 사상과 교리로 장막을 쳐 놓았다.

그래서 구원받기가 어려운 것이다. 여러분 독자들은 아직 죽어보지 않았기에 사후세계 지옥의 무서움을 실감나게 체험하지 않아서 상상으로만 생각할 뿐이다. 살아서는 경찰서, 검찰청, 구치소, 교도소 들어가는 것이 무섭고 두려울 테지만 진짜 무서운 곳은 지옥세계이다.

눈에 보이지 않아서 지옥세계, 천상세계 진실을 인정하지 않고 살아가고 있지만, 죽으면 생생히 체험하게 될 것이다. 지금은 육신이 살아 있어 무슨 말을 해주어도 형장의 고통이 느껴지지 않아 무시해 버린다. 인간세계 감옥이 있으니, 영혼세계도 당연히 감옥이 있다.

아무도 직접 가보지 않은 사후세계에 존재한다는 미지의 지옥세계에 대한 정보를 종교에서 수박 겉핥기식으로 들어서 얻은 것이 전부이다. 지옥세계의 무서운 형벌의 실상을 적나라하게 알고 있는 사람들은 그리 많지 않다.

자신의 사랑하는 부모, 배우자, 자녀, 손자손녀, 형제, 조카들을 지옥에 떨어지지 않게 구해주는 의식이 천인합체의식이기에, 경제적인 형편만 된다면 가족들을 우선적으로 구해주어야 한다.

정이 없다면 몰라도 가족들을 끔찍이 아끼고 사랑한다면, 죽어서 지옥에 떨어지는 것을 그대로 모른 채 방관할 수만은 없다. 하늘이 내린 사명자가 있는데, 가족들 중에 유독 영적세계, 하늘세계, 신명세계, 조상세계 관심이 깊은 사람들은 이 내용을 빨리 이해할 것이다.

가족들에게 가장 큰 최고의 선물이 지옥을 면하게 해주는 가족 천인합체 의식이다. 지옥에 떨어지면 하늘의 명이 없이는 아무도 빠져나오지 못한다. 지금 종교에 열심히 다니는 사람들은 불지옥 압송대상자 0순위이다.

제8부
천황님의 천지인 기운

청와대는 왜 비워진 것일까?

신의 자리 청와대 터가 새정부 임기 시작과 동시에 2022년 5월 10일 대통령실이 용산으로 이전하고 국민들에게 전격 개방되었다. 그동안 청와대에 방문하고픈 사람들이 무척 많았지만, 일반 국민들에게는 성역이어서 좀처럼 방문할 수 없었다.

일제하의 식민 통치시대 8명의 총독들을 비롯하여 역대 대통령들이 120년 동안 온갖 영욕의 세월을 겪고, 모두 불운을 맞이한 비운의 터, 불행의 터가 바로 하늘이 점지한 신의 터로 알려진 청와대가 천황님의 터이다.

하늘이 점지한 천황님의 터이자 신의 터인 청와대는 애초부터 창조주이시자 태초의 조물주 하늘이신 만생천부 대우주 천황님이 인류 대황제 인존태황 태건당 방상용 총재 육신으로 오시어 천황님의 나라를 세우고, 천하세계를 통일하여 81억 세계 인류를 호령하며 통치할 천상황실신명정부가 들어설 자리이다.

 창조주이시자 태초의 조물주 하늘이신 만생천부 우주 천황님이 지구 행성에 인간 육신으로 강림 강세하여 세상을 정복하고 통치한다는 것은 상상조차도 못 해본 꿈의 세상이기에 믿어지지도 않을 것이다.

 상상은 언젠가는 현실이 되는 법인데, 그날이 현실로 다가온 것이다. 말도 안 돼? 그런 일이 어디 있느냐고? 하늘이 인간 육신으로 내리실 줄 상상도 못 했다고? 인류 역사 이후 전무후무한 일이다.

 이제까지 수많은 종교 교주들이 하늘을 사칭하였으나 이번에는 현실로 진짜임을 불로불사 불로장생 영생을 통해서 눈으로 보여주고자 한다. 말이나 글은 믿을 수 없기 때문에 눈으로 직접 보여주면 믿을 것이다.

 인류는 어느 때부터인가 보이지도 들리지도 않는 하늘을 찾으려고 종교세계를 이곳저곳 다니면서 귀동냥을 다녔지만 신통한 곳을 찾지 못하여 진짜를 찾지 못하고 헤매다니고 있는 실정이다. 그런데 이제 진짜 지구의 주인, 인류의 주인이신 하늘의 부모 만생천부 대우주 천황님이 강림 강세하시어 존재를 밝히시고 직접 태건당을 창당하시여 공식적인 당 총재로 세상에 출세하시었다.

대한민국이 전 세계를 정복하고 다스리며 각 나라로부터 조공을 거두어들이는 지구 정복 프로젝트가 청와대 터에서 실행되도록 천상설계도에 수록되어 있다. 지구 정복자이자 지구인 총사령관인 태건당 방상용 총재가 세상을 통치할 자리가 천황님의 터로 점지된 청와대이다.

모든 물건과 모든 자리에는 주인이 따로 있는 법이다. 청와대 터의 기운을 감당할 수 있는 인간은 태건당 방상용 총재 한 명뿐이다. 태건당 방상용 총재가 집권하여 청와대에 입성하는 날 5,180만 대한민국 국민들은 천지가 개벽하는 기쁨과 환희를 맞이할 것이다. 노후 걱정 끝 행복 시작이다.

지구와 대우주, 삼라만상의 천지만생만물을 창조하신 태초의 조물주 하늘 천황님이 강림한 태건당 방상용 총재가 이 나라 땅 서울 송파에 있다는 자체가 5,180만 국민들에게는 행운을 넘어 천운이 열린 것이다.

저출생으로 수십조의 예산을 쓰면서도 인구 절벽을 해

결하지 못하고 있는데, 그 문제의 해법도 태건당 방상용 총재가 갖고 있다. 천황님으로 등극한 방상용 총재가 태건당에서 이 나라의 젊은 부부들을 향하여 "○○과 ○○을 많이 하도록 윤허하노라"라고 말 한마디만 하면 저출생 문제는 신속히 해결된다.

말도 안 된다고 웃을 사람들이 전부일 것이지만 이것이 하늘이 알려 주는 정답이다. 남녀 간 결혼하고픈 마음도, 합궁하고픈 마음도, 아이를 갖고 싶은 마음도 하늘의 기운에 따라 실시간 좌우되고 있다.

결혼과 출산도 태초의 조물주 하늘이 내리는 기운에 의해서 좌우되고 있기 때문이다. 그래서 국민들이 태건당 당원으로 대거 가입하여 집권당이 되어 결혼과 출산, 일자리 창출, 자영업 활황, 건설경기 회복, 집값 안정, 기업들의 해외 수출, 국내와 해외 경기 부양을 국가정책사업으로 추진하면 천하세계를 정복하여 조공을 거두어들이는 일은 어렵지가 않다.

출산 장려 정책 같은 거 다 필요 없다. 하늘의 기운에 의해서 아이를 낳기 싫어하는 것이다. 아이 낳으면 키우는 일이 너무나 힘들기 때문에 출산을 기피하고 결혼조차도 하지 않고, 연인 사이로 지내는 사람들이 많다. 결혼하여도 언제 이별할지 모르는 불안한 문화가 팽배하여 1인 가구 독신으로 살아가고 있다.

과거에는 이혼이 부끄러운 일이었지만, 지금은 이혼을 아무렇지 않게 생각한다. 전 국민 여러분이 대거 태건당으로 입당하여 천황님으로 등극한 방상용 총재가 집권하여 청와대 터에 입성하면, 전 세계를 기운으로 감복시킨다. 총칼의 무력을 사용하지 않아도 세계 인류가 천황님으로 등극한 방상용 총재의 무소불위한 기운에 이끌려 자동으로 감복하게 된다.

전 세계 국가들은 지금 이상기후로 엄청난 인명과 재산 피해를 입고 있는데, 이를 막아달라며, 이 나라의 연방국가(제후국)로 통합, 편입, 복속, 귀속하여 조공을 바치겠다는 신나는 일들이 벌어진다.

인간의 능력으로 막을 수 없는 전 세계 각 나라들의 기상이변들인 폭우, 폭설, 홍수, 태풍, 토네이도, 지진, 화산폭발, 쓰나미, 혹서, 열돔, 혹한 등 지구의 기상과 기후를 천황님으로 등극한 방상용 총재가 이 나라에서 좌지우지하며 통제할 수 있는 천지대능력자이다. 국민 여러분들은 천황님으로 등극한 방상용 총재의 말이 공상소설, 공상영화라고 할 것인데, 그것은 지구와 대우주, 인류와 동식물, 산천초목 모두를 창조하신 절대자 태초의 조물주 하늘 천황님의 무소불위한 능력을 직접 경험해 보지 못해서 하는 말들이다.

 방상용 총재는 국민 여러분이 인정하든 말든 절대자 태초의 조물주 하늘의 화신, 분신, 현신이기에 한 몸이다. 즉 방상용 총재의 말과 글이 절대자 태초의 조물주 하늘이신 천황님의 말씀이란 뜻이다.

 복 있는 국민들은 기존 정당에서 탈당한 후 태건당에 입당하여 현생과 내생을 보장받아 지옥으로 떨어지지 않고, 축생으로 윤회 환생을 면하여 꽃 피고, 새 우는 이상향의 유토피아 무릉도원 세상인 천상의 태상천으로 오르는 특혜를 받게 된다.

 기존 모든 정당에 실망한 국민들은 무조건 태건당으로 입당하여야, 노후를 걱정하지 않게 된다. 복지천국으로 만들어 줄 것이니까 묻지도 말고 따지지도 말고 태건당으로 입당하여야 한다. 이것이 현생과 내생을 가장 잘사는 지름길이다.

천황님의 터 청와대! 대통령은 시간문제

천기 24년 7월 6일(음력 6월 1일) 소서에 창조주이신 태초의 조물주 하늘께서 저자 육신으로 오시어 전격적인 천황님 등극식을 행한 것은 여러 가지 뜻이 있다. 저자도 예정에 없던 갑작스런 천황님 등극식에 당황하였고, 이 나라 국민들 또한 상상조차 못했던 일이다.

상상의 세계로 존재하시는 창조주이신 태초의 조물주 하늘께서 인간 육신으로 오시어 천황님으로 등극하신 것은 이 나라 전체에 엄청난 대경사 중에 대경사이고, 5,180만 국민들 전체가 축하해야 할 일이다.

세계 정복 프로젝트와 수명 장생과 영생 프로젝트가 가동되고 있기에 국격이 파죽지세로 욱일승천할 것이고, 약소국의 서러움을 씻고, 초강대국으로 새롭게 급부상하는 전환점이 된다. 천손민족인 이 나라가 세계를 정복한다는 것은 꿈도 못 꿀 일이지만 창조주이신 태초의 조물주 하늘이 천황님으로 등극식을 하시었기에 가능하다.

창조주이신 태초의 조물주 하늘의 천황님 등극식은 파격적이고 이 나라 국민들과 국운에 엄청난 영향을 끼친다. 이제까지 상상의 세계로만 존재하실 것 같았던 창조주이신 태초의 조물주 하늘이 실재하시고 천황님으로 등극하신 것은 세계를 정복하고, 지배 통치하며 다스리고 조공을 거두어들일 때가 다가왔음을 의미한다.

작게는 태건당 방상용 총재와 가문, 신하 백성들의 영광이고, 국가적으로는 경제대국, 수출대국, 관광대국, 영토대국, 인구대국, 군사대국의 초강대국으로 발돋움하는 초석을 마련하는 중차대한 일이다.

태건당 방상용 총재가 천황님으로 등극식을 거행하였는데, 이것은 정복자, 통치자, 지배자의 위상을 세상에 보여주는 것이다. 또한 이 나라의 대통령이 되어서 신의 터, 하늘의 터로 알려진 청와대 터로 입성하여 세계를 정복하고 지배 통치할 천상황실신명정부를 수립한다.

천황님이자 태건당 방상용 총재는 어떤 목표를 세우기까지 많은 고민과 갈등의 시간이 걸렸지만, 일단 목표가

설정되면 밤낮을 가리지 않고 매진하기에 반드시 목표를 달성하는 집념의 사나이, 야망의 사나이이다.

태건당 방상용 총재가 대통령이 되는 것은 시간문제인데, 3년 후, 8년 후, 13년 후, 18년 후, 23년 후, 28년 후, 33년 안에는 반드시 대통령 자리에 오르고 하늘이신 천황님의 터인 청와대로 들어간다. 30년이 지나면 저자 나이가 100세(1955)이다.

2024년 2월 27일 창당한 군소 정당으로 세상에 알려지지 않은 이름뿐인 정당이지만, 영생의 비밀을 찾았기에 사람들이 인산인해로 몰려들어 태건당이 어느 날 갑자기 폭발적으로 세상의 관심을 끌기 시작할 것이다.

이 세상의 모든 종교가 가짜라는 진실이 일파만파를 일으키며 전 세계로 퍼져나가기에 앞으로 30년 안에 세계 종교는 완전히 자동 소멸하게 된다. 저자가 100세가 되어도 늙지 않고 젊게 살아가는 모습이 삽시간에 전국적으로 소문이 퍼져나가 스스로 종교를 떠난다.

이슬람교 1414년, 개신교, 천주교 2024년, 불교 3051년 동안 인류의 정신을 지배 통치하여 왔는데, 종교의 민낯을 상세히 밝혀냈기에 신도들이 종교를 스스로 떠나기에 종교 건물들은 빈집이 되어 음식점이나 술집, 카페, 노래방, 레스토랑, 모텔, 호텔로 전환하게 된다.

세계 인류는 이슬람교 1414년, 개신교, 천주교 2024년, 불교 3051년 동안 철저하게 이들 종교에 속아왔지만 속은 줄도 모르고 있었다. 그것은 아주 완벽한 완전 범죄였기에 아무도 종교 숭배자들이 누구인지 알지 못했다.

하나님, 하느님, 상제님, 부처님, 미륵님, 알라신, 천지신명님, 시바신, 라마신이 천상에서 역모 반란에 가담한 대역죄인이고 도망자이자 쫓겨난 역천자 대역죄인들이란 천상의 진실을 창조주이시자 태초의 조물주 하늘이신 천황님께서만이 아실 수 있다.

수천 년간 인류를 상대로 사기를 잘 처먹었는데, 꼬리가 길면 잡힌다고 결국 말진사 시운을 못 이기고 이들이 악신, 악마, 악령, 악귀들이란 정체를 창조주이시자 태초의 조물주 하늘이신 천황님께서 낱낱이 선포하시었다.

창조주이시자 태초의 조물주 하늘이신 천황님께서 인간 육신으로 오시어서 대통령에 출마하면 100% 당선되고, 이 나라의 경제는 동토의 얼음 왕국에서 벗어나 모든 분야에서 활황을 맞이하게 되어 근심걱정이 사라진다.

하늘이신 천황님이 대통령이 되면 현재 국민 1인당 총소득 GNI가 35,000달러에서 20년 안에 500,000만 달러 시대로 급속 발전하는데, 대한민국의 대통령은 인류의 대통령이 되는 것과 같고, 세계 정복자, 세계 통치자, 세계 지배자가 되시는 것이다.

대통령 자리에 오르는 것은 이제 시간과의 기다림만 남았고 반드시 정권을 잡을 것이며, 영원한 천제군주로 추대 옹립 받게 된다.

태건당 방상용 총재가 말하고 글로 쓴 것은 반드시 현실로 이루어지는데, 당일 이루어지는 것부터 며칠, 10일, 20일, 30일, 2개월, 3개월, 5개월, 7개월, 1년, 10년, 20년, 30년, 50년, 70년 안에 모두 이루어졌기에 지금 쓰고 있는 글의 내용들도 시간의 차이만 있을 뿐, 미래에 반드시 현실로 일어날 신나고 희망찬 일들이다.

이 나라 국민들이 언제쯤 악몽의 꿈에서 깨어나 역천자 대역죄인들인 악들이 세운 종교를 떠날 것인지, 그리고 태건당으로 입당하여 하늘이신 천황님의 뜻에 동참하여 순천자가 될 것인지 빨리 결정 내려야 한다.

나는 지구의 주인이고 인류의 주인이다. 즉 지구는 내가 창조하였으니 내 것이고, 81억 인류 역시 전체가 내가 창조한 나의 자녀들이다. 그래서 내가 이 나라의 대통령이 되는 것과 세계를 정복하고 지배 통치하며 다스리면서 조공을 거두어들이는 것은 하등 문제 될 것이 없다.

나는 피 한 방울 흘리지 않고, 세계를 정복하며 지배 통치할 천상지상 프로젝트를 준비해 놓고 있다. 세계 81억 인류들이 천지부모인 하늘의 기운 따라 스스로 찾아오는 형국이 되고 천황님의 나라 태상천 연방제후국이 된다.

내가 창조한 지구 행성에서 살아가는 81억 인류는 이제까지 무단 사용했기에 앞으로 햇빛세, 물세, 땅세, 공기세 등등을 통합한 지구세를 매월 1회 자진 납부하고 살아가는 것이 근본도리이다. 인류 최초로 거두어들이는 지구세 납부는 실시간 천상장부에 기록되어 천지인 기운으로 전환하여 납부자에게 내려주면 일들이 잘 풀리고, 기분 좋은 일이 생기며 불행이 막아지는 신비로움이 있다.
우체국 110-0025-88772 천황님의 나라 태상천

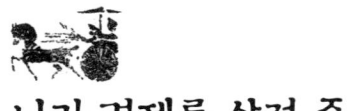

나라 경제를 살려 줄 천황님

코로나19 이후 노래방, 모텔, 호텔, 여행업, 음식점, 백화점, 대형마트, 건설업들이 줄줄이 폐업하고, 실직자들은 일할 곳이 없다. 인구 감소로 지역 유·초·중·고 폐교 등 사회적인 문제로 대두되고 있는데, 전 세계 인구 감소율이 가장 크다며 한국 망하는 것 아니냐고 걱정한다.

저출생을 막아보고자 국가적인 차원에서 출산을 독려하려고 조 단위 돈을 투자해 보지만 1인 개인주의가 팽배해져 결혼을 기피하고 독신으로 살아가며 속박 받지 않고 자유롭게 인생을 살아가는 인구가 늘고 있다.

결혼을 하더라도 아이들 키우기도 힘들어 아이를 낳지 않는 부부들이 늘어나고 있다. 옛날에는 자식 덕을 보려고 아이를 많이 낳지만 요즘 세상에는 자식 덕을 보기보다는 내 인생은 내가 살아간다는 개인주의 생각들이 강하고, 자식들에게 의지하려는 생각들이 대폭적으로 줄

어들고 있다.

 오늘 뉴스에 부산 지역과 대구 지역에 건물임대 현수막이 여기저기 걸리고 음식점들이 줄줄이 폐업하고 있다는 방송을 보았다. 코로나 때보다도 더 심각하다고 하는데, 원자재값 폭등과 모든 물가 폭등 및 대출금리 상승으로 자영업이 무너지고 있다고 한다.

 날이 갈수록 세계 경제가 불확실해지고, 러시아와 우크라이나 전쟁, 하마스와 이스라엘 간 전쟁, 중동지역에서 3차 세계 대전 전운이 여기저기 감돌고 있어서 불안감이 높아지고 있다. 나라 경제가 안정되려면 세계 각 나라에서 전쟁이 멈추어야 경기가 살아난다. 전쟁을 멈출 수 있는 능력자는 절대자 하늘 만생천부 대우주 천황님뿐이다.

 민생경제, 기업경제, 국가경제에 빨간불이 켜졌다. 대통령과 정부, 대기업들과 중소기업, 자영업자들이 잘못했다기보다는 세계적인 경제 흐름이 전쟁과 코로나 사태 이후 내리막길이라서 경제가 살아나지 못하고 있다.

 모든 원자재가 오르니 물가도 천정부지로 따라서 오르고, 업체들의 부도나 폐업으로 실직자들이 계속 늘어나기에 새로운 경제에 활력소가 생기지 않는 이상 서민 경제가 좋아지는 일은 없을 거 같다.

자원이 부족한 국가적 입장에서는 전체 업종에서 수출을 많이 해야 국민들이 먹고 살아가는데, 세계적인 경기가 불황이다 보니 영향을 안 받을 수가 없다. 세계경제가 활황이 되어야 나라 경제도 살아난다.

대통령이나 정부 부처가 국정을 잘못하고, 기업 총수들이 기업 경영을 잘못했다기보다는 국제적인 경기 흐름을 무시할 수 없기 때문이다. 총체적인 국제 경기 흐름을 바꾸어 놓을 수 있는 분이 천지인의 기운을 운용하시는 태초의 조물주 하늘이신 천황님이시다.

세계 경제를 살려주시고 우리 모두의 민생경제, 기업경제, 국가경제를 살려주시어 천하제일 경제대국으로 발돋움할 수 있게 되었다. 이제 이 나라 국민들이 태건당에 당원으로 가입해서 힘을 실어주는 것만 남았다.

태건당 방상용 총재 육신으로 오신 천황님께서 천황님의 터 청와대로 입성해서 세계 경제를 살려내셔야 민생경제, 기업경제, 국가경제가 다시 살아난다. 러시아와 우크라이나 전쟁 종식, 이스라엘과 하마스, 예멘, 이란의 중동 전쟁이 종식되어야 한다.

추가로 중국의 대만 통일 계획, 북한의 핵무력 도발로 인한 세계 정세 불안이 고조되고 있다. 전쟁 당사자 국가 간에 이해관계가 첨예하게 대립되어 있기에 쉽지만은 않지만 천지인 기운으로 전쟁부터 종식시켜야 한다.

전쟁 불안으로 큰손 투자자들이나 대기업들이 몸을 사려 공격적인 투자를 망설이게 되고, 세계적인 원자재 값 고공행진으로 모든 물가가 폭등하고 있어 새로운 사업을 하기가 더욱 어려워지고 있다.

수출의 활성화가 이루어지지 않고는 국내 경제를 살릴 수 있는 길은 없다. 세계 국가들 간의 치열한 경쟁으로 계약을 따내기가 매우 어렵다. 그래서 세계무대에서 나라의 국격과 품격을 높이는 것이 가장 중요하다.

나라의 국격과 품격을 높이는 방법은 이 나라를 어떤 나라도 깔보지 못할 정도의 절대적 위엄과 위상을 갖추는 일인데, 가장 현실적인 방법이 민족과 인류의 구심점으로 하늘이신 천황님을 국부로 세우는 일이다.

태건당 공천 받으면 무조건 당선

태건당이 인류 역사 재창조

창조의 신이시자 태초의 조물주 하늘이시고, 영혼과 육신의 천상 부모님이신 만생천부 대우주 천황님이 강림 강세하신 태건당 방상용 총재 등장으로 인하여 이 나라와 세계의 정치 판도가 180도로 요동치게 된다.

만생 만물을 창조하신 만생천부 대우주 천황님께서 존재를 밝히시고, 태건당 방상용 총재와 함께하시기에 태건당에 들어와서 공천만 받으면 묻지마 당선이 되는 경천동지할 대혁명의 날이 다가오고 있다.

대통령, 시·도지사 및 의원, 시·군·구청장 및 의원, 국회의원, 교육감 선거에 출마하려는 후보자들은 태건당 소속으로 출마하는 것이 바로 당선과 직결되는 상상을 초월하는 엄청난 일이 돌아오는 선거 때부터 벌어지기에 태건당이 원내 1당이 되어 집권당으로 부상한다.

여의도 국회는 하늘의 기운을 받은 태건당 소속 국회의원들이 253개 지역구에서 승승장구하여 비례 대표 포함 95%에 해당하는 285명 이상 당선되어 태건당이 국회를 완전히 장악하게 된다.

"영생을 비밀을 찾았다", "2024년~2025년에 나타난다는 인류가 기다리던 인류의 영도자, 민족과 인류의 구심점, 구원자, 구세주, 메시아, 미륵불, 정도령, 진인, 신인, 대두목, 이긴 자, 공포의 앙골모아 대왕, 중국에서 기다리는 자미성인, 예언의 주인공 출세".

창조의 신이고 태초의 조물주 하늘이시며 영혼과 육신의 천상 부모님이신 만생천부 대우주 천황님이 태건당 방상용 총재 육신으로 강림 강세하신 내용을 다룬 만생천부가 국민필독서로 자리 잡아 3,000만 부가 판매된다.

전 국민 60%에 해당하는 3,000만 명 이상이 국민 베스트셀러인 만생천부 책을 보게 될 것이고, 책을 보고 공감하며 감격, 감명, 감탄, 감동받은 독자들이 너도나도 무조건 태건당 소속 출마 후보자들에게 몰표로 투표한다.

전 세계 국가에서 번역본으로 만생천부를 출간할 것이

기에 지구촌은 만생천부 광풍이 불어 닥친다. 만생천부의 대한민국 강림 강세로 종교에 다니는 사람들이 없기에 전 세계의 종교들이 흔적 없이 사라져간다.

상상의 세계로만 존재하실 것이라고 믿었던 창조주, 절대자, 조물주, 태초의 하늘, 영혼과 육신의 천상 부모님이 태건당 방상용 총재 육신을 통하여 세상에 출세하시었기 때문에 만생천부 책을 읽은 구독자들은 태건당에서 공천받은 입후자들에게 무조건 투표할 수밖에 없다.

나라의 주인은 국민들이기 때문에, 만생천부 책을 읽고 공감하는 국민들은 기존에 입당하였던 여당·야당에서 대다수 98% 이상 탈당하여 태건당으로 입당하게 되므로 태건당에서 공천받는 후보들이 무조건 당선된다.

이것이 앞으로 있을 선거 대혁명이고, 천상 정치의 지상 정치 실현이다. 2026년 5월 광역 및 지방선거, 교육감 선거, 2028년 4월 국회의원 총선, 2027년 3월 대선에서 일어날 진풍경들인데, 현실에 적응 못해, 받아들이지 못할 정치인들과 사람들이 많을 것이다.

이 세상이 완전히 천지가 개벽하고, 상전벽해가 현실로

일어나듯 정치 혁명이 일어난다. 앞으로 모든 선출직 대통령, 시·도지사 및 의원, 시·군·구청장 및 의원, 국회의원, 교육감 선거에서 태건당 소속 후보가 아니면 당선되기 어렵다. 선거에서 유권자들은 인물보고 투표하는 것이 아니라 하늘이 다스리는 태건당을 보고 투표한다.

태건당이 1차적으로 이 나라를 정복하고, 2차는 세계를 정복하여 천황님의 나라 하나로 통일하는 천상지상 프로젝트가 완성된다. 전 세계 국가들과 국민들이 천황님의 나라로 귀속, 복속, 편입, 통합 절차를 밟게 되기에 태건당 방상용 총재는 인류의 대통령으로 등극한다.

인류가 수천 년 동안 종교에 속은 것을 분노하며 전 세계 모든 종교들이 순식간에 무너져 내리고 종교가 텅텅 빈다. 여호와는 이스라엘 민족 조상신이자 전쟁 신에 불과한데, 언젠가부터 천지창조주, 영혼의 부모님, 하나님 아버지, 전지전능자, 대우주 창조주로 둔갑했다.

여호와는 하나님, 하느님도 아니고, 자미 악의 앞잡이 였기에 예수, 마리아, 마호메트, 석가, 공자, 노자, 천지신명, 라마신, 시바신들과 함께 2019년 11월에 하늘인 나에게 추포되어 불지옥에서 모진 고문 형벌을 받고 있다.

천손의 유래와 지구세

인명은 재천이라 하였듯이 태초의 조물주 하늘이 태건당 방상용 총재 육신으로 하강 강림하시었기 때문에 수명 장생의 기운, 영생의 기운을 내려 줄 수 있는 지구상 유일한 곳이다. 죽기 싫은 자들에게 새로운 희망을 안겨주는 보물 창고가 태건당 방상용 총재이다.

태건당 방상용 총재는 산 자들이 원하고 바라는 돈과 재물, 권력과 명예, 건강과 화목, 성공과 출세의 길을 열어주고, 죽은 망자들이 원하고 바라는 천상세계로 보내줄 수 있는 대능력을 가진 신비의 인물이다.

중국 땅에서 말세의 대성인으로 알려져 있는 자미성인(紫微聖人)을 찾으려고 혈안이 되어 있다. 이 나라에서도 동방의 등불, 동방의 진인이 출세한다는 예언이 있다. 동방이란 동쪽의 방씨 성을 말하는데, 저자(방상용)가 왜 자미성인이냐고 따지는 사람도 나올 수 있다.

천상의 태상천에서 창조주 하늘의 성씨와 나의 성씨가 "자미"이기에 자미성인이다. 또한 중국인들이 찾는 자미성인은 조물주 하늘 만생천부 대우주 천황님이 내리신 태건당 방상용 총재 인간 육신을 말한다.

수천 년 전부터 이 나라를 동이족, 백의민족, 한민족, 배달민족, 단군자손으로 불러온 단일민족이었는데, 이제는 이민족들이 이주해 들어와서 혼혈민족이 되어 가고 있어 순수 혈통을 보존하기가 어려워졌다.

천손(天孫)은 하늘의 자손이나 하늘의 손자를 뜻하는데 이 나라가 천손민족이라고 불리고 있지만, 왜 그런 것인지는 잘 모르고 사용한다. 추상적으로 내가 하늘의 자손이나 손자인가보다 생각할 수밖에 없는데, 그 해답이 풀렸다.

태초의 조물주 하늘이 강세한 태건당 방상용 총재 육신이 천상 태상천의 황태손이었기에 이 나라가 천손이 내린 민족으로 유래된 것이다. 그래서 이 나라의 중심은 싫든 좋든 천손인 태건당 방상용 총재가 민족과 인류의 정신적 구심점이 될 수밖에 없다. 종교적으로 알려진 숭배자들과 왕이나 대통령으로 이름을 날린 세계의 유명인들도 천손 방상용 총재를 넘을 수 없다.

이 나라에 천손으로 내린 태건당 방상용 총재가 존재하고 있다는 자체만으로도 이 나라는 엄청난 천복만복인 것을 알아야 한다. 2004년 이후부터 전 세계적인 기상이변과 천재지변에서 피해가 다른 나라 대비 피해 규모가 훨씬 적음을 알 수 있다.

천손으로 내린 태건당 방상용 총재의 유무형 값어치는 금전으로 환산이 안 되는 천문학적이다. 왜냐하면 태초의 조물주 하늘이 지구의 주인 지존천황으로, 인류의 주인 인존천황으로 임명하셨기 때문이다.

천상법도에는 이미 통용되고 있는 내용이지만 지구인들은 금시초문이라 이해하고 받아들이기가 어려울 수 있다. 이 나라 국민들과 전 세계 인류가 천황님의 나라 태상천에 자발적으로 조공을 바쳐야 한다.

이유가 태건당 방상용 총재가 지구의 주인, 인류의 주인이기 때문이다. 지구의 주인에게 지구세, 땅세(조공)를 바치는 것은 근본도리를 행하는 기분 좋은 일이고, 강압적이 아니라 자발적인 자진 납부이다.

태초의 조물주 하늘의 뜻을 이해하고 받아들이는 당원들과 독자들은 자발적으로 지구세, 땅세(조공)를 매주 또는 매월 말일에 자동으로 자진납부하면 더 많은 천복만복을 받게 되고, 매사 추진하는 일들이 더 잘 풀린다. 종교에 다니면서 빌지 않아도 된다.

악마들이 세운 종교에 다니면서 돈 낭비, 세월 낭비하지 말고 우체국 110-0025-88772 천황님의 나라에 지구세, 땅세(조공) 납부하고 자신의 소원을 빌면 해결된다. 태건당에 온라인 입당하고 지구세, 땅세(조공) 자진 납부하면 인생이 나날이 좋게 바뀌어 진다.

태초의 조물주 하늘은 여러분들의 속마음, 실시간 행동까지 모두 알고 있기에 도망갈 곳도, 숨을 곳도 없는 무소불위하신 전지전능자이시다. "순천 자 흥, 역천 자 망" 하늘의 순리에 따라 행동하는 것이 가장 현명하고 마음이 편안하다.

사람들은 죗값으로 하늘에 돈을 더 많이 바치기 위해서 이 세상에 사람으로 태어났다. 그것이 천상의 업보, 전생의 업보를 닦고 씻는 유일한 길이기 때문이다.

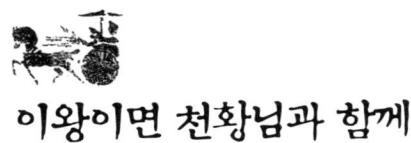

이왕이면 천황님과 함께

　말도 통하지 않는 숭배자 귀신들을 받들지 말고, 실시간 말이 통하고 대화가 되는 살아 있는 하늘과 신을 받드는 것이 현실적이지 않을까? 인류가 찾고 기다리는 하늘과 신이 구세주, 구원자, 메시아, 미륵불, 정도령, 자미성인, 천황님으로 이 땅에 존재를 밝히는 태건당 방상용 총재이다.

　말도 안 된다고 사이비 운운하는 독자들이 많을 테지만 그것은 각자들의 영적 수준이 낮아서 내리는 판단이고, 인정 못하겠다는 독자들은 살아서나 죽어서나 처절하게 후회하게 될 독자들이다.

　수백수천 년 전에 죽은 말도 통하지 않는 전 세계 귀신 숭배자들은 열심히 믿으면서 목숨 걸고 돈을 열심히 바치고 있다. 살아 있는 하늘이자 천황님으로 내려온 태건당 방상용(진인) 총재를 믿지 못한다는 것은 웃기는 일이다. 귀신은 믿고 사람은 못 믿는다는 뜻인데, 어이가 없는 일이다.

전 세계의 죽은 자들을 숭배자들로 격상시켜 받들고 있는 신앙의 대상들은 인도(석가, 비로자나불, 아미타불, 미륵, 관세음보살, 지장보살, 천수천안관자재보살, 문수보살, 보현보살, 석가의 10대 제자 등등), 사우디아라비아(알라신, 무함마드=마호메트), 중국(옥황상제), 이스라엘(여호와, 마리아, 예수, 12제자), 한국(증산상제 강일순, 옥황상제 조철제, 인존상제 박한경, 사명대사, 서산대사, 원효대사, 무학대사, 도선대사, 진묵대사, 대산소산 산신령들, 사해 용왕들, 성황들) 등등이다.

수백수천 년 전에 죽은 전 세계 인간 육신 귀신들을 모두 신으로 격상시켜 믿고 있는데, 이들은 천상의 태상천에서 태초의 조물주 하늘을 시해하거나 항명하는 역모반란을 일으키는 대역죄를 짓고 지구와 다른 행성으로 도망치거나 쫓겨난 신(반역자 악신)들이었다.

그래서 반역자 악신들이 세운 지구상의 모든 종교를 믿으면 천상으로 돌아갈 수 있는 길이 자동으로 막혀 버린다. 이들 역천자 악신들이 바로 여러분과 세계 인류의 앞날을 가로막으며 방해하고 있다.

선을 가장한 원흉들이며 태초의 조물주 하늘 천황님을 만나 천상으로 돌아가지 못하게 온갖 종교를 세워서 훼방 놓는 악마, 악신, 악령, 악귀, 요괴, 사탄, 마귀, 잡귀들의 집단이다.

전 세계 모든 악마들의 종교 감옥에서 하루빨리 벗어나야 하늘의 기운이 강렬하게 느껴지고, 인간 모습을 하고 있는 하늘의 모습이 눈에 보이기 시작한다.

현재 81억 인류와 이미 죽은 수천 경에 이르는 인류 중에서 지구 행성에 죄를 짓지 않고 천상의 태상천에서 구원자, 구세주 신분으로 지구에 내려온 참인간 진인(眞人)은 태건당 방상용 총재 한 명뿐이다.

그래서 국민 여러분이 입당하여 태건당 방상용 총재와 함께하면 재수가 있고 천복만복이 내린다. 태건당 방상용 총재는 인류가 원하고 바라는 모든 소원을 이루어 줄 수 있는 천지인의 기운을 갖고 있으신 태초의 조물주 하늘 자체인 천황님이기 때문이다.

이 세상의 기후변화, 기상이변, 천재지변, 전쟁, 괴질 바이러스, 흥망성쇠, 길흉화복, 생로병사, 성공과 실패, 출세와 명예가 천황님의 기운에 좌우되고 있다.

외형적으로는 태건당 방상용 총재이지만 내면적으로는 태초의 조물주 하늘이 강세한 천황님이기 때문에 민족과 인류의 구심점이다. 영혼의 고향이자 마음의 안식처인 천상의 태상천으로 돌아가려면 당연히 천황님 전에 조공을 바쳐야 한다. 또한 죽어서 천상에 올라가도 조공은 천황님께 수시로 바친다.

태건당에 입당하여 살아 있는 천상의 태상천 조물주 하늘 천황님이시자 천손으로 내려온 태건당 방상용 총재와 함께하는 사람들이 최후의 승리자들이자 성공자들이고, 지옥을 면하고 천상으로 오르게 된다.

죽는 두려움과 무서움보다 천상의 태상천 조물주 하늘 천황님이시자 천손으로 내려온 태건당 방상용 총재와 함께하지 못하고 종교에 다니는 독자들이 가장 불행하고 실패한 인생들이다.

종교 자체가 지구에 세워지면 안 되었던 것인데, 악들

과 귀신들이 하늘을 알아보지 못하게 하려고 수많은 종교를 양산하여 전 세계가 종교백화점으로 변해버렸다.

참으로 기가 막힌 일이다.
인류 모두가 종교 숭배자 열심히 믿으면 극락, 선경, 천국, 천당으로 올라가는 줄 알고 없는 돈, 있는 돈 끌어보아 바치고 있는데, 아무 소용없고 다 헛수고이다.

수천 년 동안 이 세상에 전해지고 있는 수많은 모든 종교를 태초의 조물주 하늘이 가장 증오하시며 악마 종교, 귀신 종교를 소멸시키고자 말진사에 출세하시었다.

무엇이 진짜인지 알아보지 못하는 눈뜬 장님들이 전 세계 인류의 모습들이다. 천상으로 돌아가는 단 하나의 길은 책을 읽고 천황님의 나라 태상천에 들어와서 하늘이 내리시는 명을 받들어 뫼시는 길 하나밖에 없다.

수천 년 동안 역사와 전통을 자랑하는 전 세계의 유명한 거대 종교의 숭배자들 전부가 진짜 하늘이 아닌 가짜 하늘이라면 믿어지겠는가? 아무도 안 믿을 것이고, 오히려 저자를 사이비로 매도할 것이다.

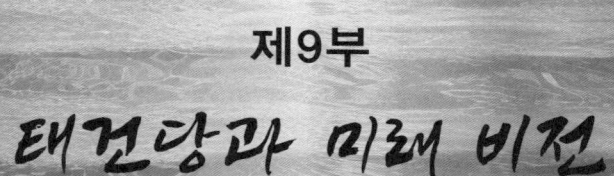

제9부

태건당과 미래 비전

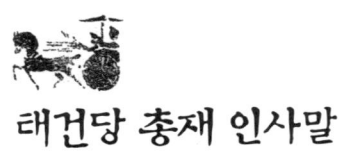
태건당 총재 인사말

국민 여러분 안녕하십니까?

태건당 총재 청룡의 화신 방상용은 상상 속의 세계로 여기던 대우주의 절대자 태상천의 주인이신 태초의 조물주 하늘이 천황님으로 등극한 인간 육신입니다.

태건당 홈페이지를 방문해 주신 국민 여러분 반갑고 환영합니다. 국민 여러분 안녕하십니까? 라고 인사말을 건넸지만 안녕하지 못할 국민들이 더 많을 겁니다.

이것은 진짜 하늘을 몰라보고, 가짜 하늘을 받들어 섬긴 국민들 모두의 인과응보입니다. 종교 없는 무종교 세상을 만들고, 모든 종교로부터 해방을 선포하는 곳이 태건당의 첫 번째 정책 이념입니다.

두 번째는 현생을 잘 먹고 잘 살며 내생의 삶을 보장받아 천상으로 오르게 해주는 것입니다. 세 번째는 가정경제, 민생경제, 기업경제, 국가경제를 살려 내는 것입니다.

네 번째는 대한민국을 세계 정복자 국가로 만드는 것입니다. 다섯 번째는 경제대국, 수출대국, 관광대국, 영토대국, 인구대국, 군사대국 등 6대국을 이루는 것입니다. 여섯 번째는 복지 천국을 이루는 것입니다.

대한민국 헌정 역사 80년 동안 정파간 분쟁은 끊이지 않았습니다. 진보와 보수, 보수와 진보로 나누어 적을 만들고, 영남과 호남, 호남과 영남으로 편을 갈라 적을 만들었습니다. 학연, 혈연, 지연으로 인맥을 형성하여 출신 성분을 분류하며 지지 세력을 만들고 있습니다.

국민 여러분~!
천기 24년 7월 22일 현재 중앙선관위에 등록된 정당이 49개이고, 창당준비위원회가 결성된 곳 8개를 포함하여 57개입니다.

이 많은 정당들 중에 국민 여러분의 마음에 드는 정당이 있습니까? 인간 세상에 인지도 높고 머리 똑똑하며 잘난 자들이 정당들을 창당하였습니다.

이들은 자신들의 욕망을 채우기 위하여 국민 여러분을 현혹하여 이용하는 것입니다. 모든 정당들이 그 나물에 그 밥이잖아요.

　찍을 정당도 없고, 찍을 후보도 없다고 얼마나 실망하고 있습니까? 국민 여러분의 현실적인 문제들을 통쾌하게 풀어나갈 미래 비전을 제시하는 태건당은 이제까지 본 적도 들은 적도 없는 아주 생소한 하늘이 내린 신생 정당입니다.

　국민 여러분은 어떤 지도자를 기다려왔습니까? 인지도 높고, 유명한 정치인을 찾습니까? 인지도와 유명세 높은 수많은 정치인들이 국민 여러분의 민생고를 해결해 주었습니까?

　하늘의 능력을 가진 신 같은 신비 능력이 있는 지도자를 오랜 세월 기다려왔던 것 아닌가요? 그래서 국민의 원과 한을 풀어주고, 민생경제, 기업경제, 국가경제를 살려낼 신 같은 능력 있는 정치지도자를 오랜 세월 기다려 왔잖아요?

　국민 여러분과 전 세계 인류가 애타도록 기다리던 예언의 주인공이자 인류의 구원자가 태건당을 창당한 방상용 총재입니다. 해방 이후 80년의 정치 역사를 통해서 머리

비상하고 똑똑하며 인지도 높은 천재·수재급의 잘난 정치지도자들을 많이 경험해 보았지만 국민들의 눈높이에 와 닿지 않아 모두를 실망시켰습니다.

인간의 능력이 제아무리 뛰어나도 하늘의 능력을 가진 태건당 방상용 총재를 따라갈 수 없습니다. 외형적으로는 인간 모습을 갖고 있지만, 내면적으로는 태초의 조물주 하늘이신 천황님의 기운 그 자체입니다.

태초의 조물주 하늘이신 천황님이 태건당 방상용 총재인데, 국민 여러분이 얼마나 인정하고 받아들이느냐에 따라 여러분 개인과 기업, 국가의 운명이 바뀝니다.

태건당 방상용 대표는 2024년 2월 27일 중앙당 등록증을 발급받고, 2월 29일 세무서에 신고하여 고유번호증을 받았기에 정치인으로 새롭게 출발하였습니다.

직장인들, 자영업자들, 기업인들, 공직자들, 정치인들 모두 운칠기삼(運七技三)이란 말을 들어보았을 겁니다. 운칠기삼은 운이 70% 기술 즉 노력이 30%라는 뜻입니다. 재주와 노력은 알겠는데 그럼 운이란 것은 무엇인가요?

대우주와 지구를 감싸며 돌고 있는 생기와 정기의 흐름입니다. 생기와 정기의 운행을 천상과 지상의 신과 영들이 천황님의 명을 받아 담당하고 있습니다.

자신들의 노력만으로 뜻을 이루려는 사람들이 가장 힘들게 세상을 살아가고 있는 것입니다. 대우주와 지구의 운을 주관하는 하늘과 땅의 절대자가 태초의 조물주 하늘이신 천황님이십니다.

신이라 함은 천상세계 황실정부에서 태초의 조물주 하늘 천황님으로부터 공직자로 임명장을 하사받고, 정기적으로 녹봉을 받으며 공무를 수행하는 고지능 아이큐의 고급 생령(영혼)들을 말합니다.

신들도 인간 세상보다 더 세밀한 상하 서열이 천차만별로 존재하기에 신들이라고 다 같은 신들이 아닙니다. 천상의 신들 중에도 죄를 지어 지구나 외계 행성으로 쫓겨난 악신들도 무척 많습니다. 고지능 아이큐의 신들과 함께 살아가면 인생사 막히는 일들이 없습니다.

70%의 운(천상신명)을 받고 30%의 노력만 하면 됩니다. 천상의 신들과 함께하는 비법(신인합체)을 태건당

방상용 총재가 갖고 있습니다. 인간의 노력으로 모든 것이 순조롭게 이루어진다면 무슨 걱정이겠습니까? 일이 마음대로 안 풀리는 것에는 원인이 많습니다.

70% 신의 도움을 받지 못하고 살아가는 것이 첫 번째이고, 두 번째는 악신과 악령, 귀신, 조상들의 방해와 살인한 원혼귀들과 파리, 모기, 바퀴벌레, 개미, 벌, 곤충, 지렁이, 물고기, 새, 닭, 돼지, 개, 소, 말, 뱀, 쥐, 염소 등등 짐승들을 어떤 이유로든 본인과 조상님들이 살생했을 때 이들 축생령들의 복수로 인한 것들입니다.

신들로부터 70%의 도움도 못 받고, 반대로 이들 악신 악령, 귀신, 원혼귀, 조상들과 축생령들이 저주하며 일을 방해한다면 운이 0에서 하늘의 도움을 전혀 받지 못하니 운기가 -10, -20, -30, -40, -50, -60, -70%로 정반대의 현상이 일어나기에 아무리 열심히 일해 봐야 되는 일이 없습니다.

사람들을 만나서 운을 **빼앗기는** 경우도 많고, 악신, 악령, 귀신, 축생령들이 붙어서 자신의 인생길이 꽉 막히는 경우가 다반사입니다.

당총재 인사말에 이런 글을 쓰는 이유는 입당하는 모든 사람들의 인생길이 왜 막히고 답답한지는 알려야 하겠기에 인생 70년의 노하우를 알려 주는 것입니다.

또한 종교 안 다니는 사람들도 무척 많은데, 종교라는 자체는 천상에서 죄를 짓고 지구로 도망친 악신들과 악령들, 쫓겨난 악신들과 악령들이 세운 것이란 진실을 알면 기겁을 할 것입니다.

그래서 종교를 믿으면 천상으로 돌아가는 문이 모두 닫힙니다. 사람들은 이런 무서운 진실을 몰라보고 종교 생활을 아주 열심히 하고 있습니다만, 시간 낭비, 돈 낭비, 인생 낭비, 지옥도 입문 예약이라는 최악의 자충수를 두고 있는 것입니다.

태건당 방상용 총재는 태초의 조물주 하늘이 강세한 천황님 자체입니다. 대우주의 모든 진실과 여러분 모두 천상의 삶, 지상의 삶, 전생의 삶, 내생의 삶이 모두 천상 문서에 수록되어 있다는 사실을 알아야 합니다.

국민 여러분 개인, 가정, 사업장, 기업, 국가의 운명을 어떻게 개척해야 하는지 조금 알려 주는 것입니다. 그래야 개인경제, 민생경제, 기업경제, 국가경제를 살려 내고, 국민 여러분과 함께 위대하고 대단한 세계 정복자 국가로 만들어 이상향의 무릉도원 복지천국 세상을 활짝 열어가려고 합니다.

태건당의 정책 이념은 어느 정당도 따라 올 수 없습니다. 국민 여러분이 나라의 운명을 바꾸어 나가려면 각자 개개인들이 태건당에 입당하여 함께하는 것입니다.

태건당 방상용 총재는 하늘과 땅의 무한대 기운을 갖고 운용하고 있으나, 인간 세상 일들은 사람들을 통해서 행해야 하기에 많은 숫자의 사람들이 필요합니다.

죄를 짓고 지구로 떨어지기 전에 각자 천상에서 살았을 때, 전문적으로 맡아서 행하였던 각자들 분야의 일들이 있습니다. 그것을 찾아서 행을 해야 성공하는 길이 **빠른** 것입니다.

기존 정당들은 말과 글로 국민 여러분의 눈과 귀를 현혹시키며 표를 달라고 외치지만, 태건당은 실질적으로 국민 여러분의 삶에 보탬이 되는 삶의 지혜를 실시간 내려주고 있습니다.

1. 나는 어디서 왔고, 2. 나는 누구이고, 3. 천상에서 지은 죄가 무엇인지, 4. 죽어서는 어디로 가는지, 5. 남은 인생은 어떻게 살아가야 하는지 최소한 5가지는 알고 살아가야 합니다.

지구는 지옥별이고, 구원의 시험장입니다. 매일같이 하늘이 내린 시험을 치르고 있는 것입니다. 선과 악의 인과응보. 지구에 태어난 이유? 한세상 부귀영화 누리며 잘 먹고 잘 살기 위한 것이 아니라 죽음 이후 어디로 갈 것인지 사후세계 시험 준비를 위해서 사람으로 태어나게 해준 것입니다.

국민 여러분의 직전 전생은 거의 99% 이상이 축생령들이었고, 하늘에 죄를 빌 수 있는 사람으로 태어나게 해달라고 아주 오랜 세월 손발이 닳도록 빌고 빌어서 태어났는데 전생의 다급함을 기억 못하고 망각한 채 살아가고 있습니다.

그리고 종교를 믿는 사람들은 죽으면 1,000명 죽인 살인자보다 더 무섭게 형벌로 심판받습니다. 이 세상에서 자신과 사랑하는 가족의 죽음보다 더 무서운 것이 종교 믿는 것입니다.

사람들은 저마다 몇 달, 몇 년, 몇십 년에서 100년 미만의 삶을 재벌, 부자, 중산층, 가난뱅이로 살아가다 결국 모두가 죽습니다.

종교 다니다가 죽으면 극락, 선경, 천국, 천당이 아닌 불지옥, 얼음지옥, 독사지옥, 기름지옥에서 모진 고문 형벌을 수천 년간 받다가 축생으로 윤회하다 다시 지옥도로 압송되는 윤회(환생)의 순환법칙이 작용하고 있습니다.

인간으로 태어나 태초의 조물주 하늘이신 천황님 태건당 방상용 총재를 만나서 천상으로 오르는 명을 받지 못하고 죽으면, 영원히 지옥도와 윤회(환생)의 고리를 끊을 수가 없습니다.

그리고 지금은 육신이 살아서 자신들 마음대로 하고 싶은 것을 다하며 살아가고 있지만, 죽으면 천황님인 태건당 방상용 총재의 지배 통치하에 수백억 지옥도와 윤회 지옥도를 옮겨 다니며 살아가게 됩니다.

그래서 태건당 방상용 총재를 만나 하늘이신 천황님이 내리시는 명을 받아 천상으로 올라갈 수 있도록 육신 살아 있는 것이 행운아, 천운아입니다.

이제 태건당으로 입당의 선택은 국민 여러분들의 몫입니다. 기존 정당들은 말과 글로 여러분의 눈과 귀를 현혹시키며 표를 달라며 외치고 있으나 국민 여러분의 민생경제를 살려 주지는 못합니다.

80년 정치 역사를 바꿀 선구자이자 위대한 정복자, 혁명가는 천황님으로 등극한 태건당 방상용 총재뿐이고, 국민 여러분의 적극적인 참여만이 강대한 세계 정복자 국가, 6대국의 뜻을 이루어 낼 수 있습니다.

인간이 신의 능력을 갖는 비결! 고지능 아이큐를 가진 신과 함께 살아가는 비결이 신인합체인데, 태건당에서만 이루어집니다. 당원 여러분의 인생도 바꾸고, 기업과 국가의 운명도 바꾸는 지름길이 바로 태건당이니 많은 입당 바랍니다.

- 만생천부 대우주 천황님으로 등극한
태건당 방상용 총재 -

태건당 창당 이념

　세계를 정복할 위대한 천손민족이여! 이제 종교의 지옥에서 벗어나라~! 희망찬 신인류 시대가 기다립니다.

　천상 태상천에서 위대한 혁명가이자 세계를 정복할 태초의 조물주 하늘이신 천황님이 청룡의 화신인 태건당 방상용 총재 육신으로 내리셨다. 약소국가인 대한민국을 세계 정복자 국가로 만들기 위해 하늘과 땅이 방상용 총재 육신으로 함께하시어 태건당을 창당하셨다.

　세계를 정복하고 지배 통치할 위대한 국가로 만들기 위한 천상 프로젝트가 태건당에서 시작되고 있으니 국민 여러분의 적극적인 동참이 있기를 바란다.

　태건당 방상용 총재 육신으로 태초의 조물주 하늘이신 천황님이 내리시었기에 세계를 정복하는 위대한 국가로 세계 인류를 지배 통치하게 됩니다. 국민 여러분들이 모두 태건당으로 결집하면 이 나라가 신명 나게 세계를 지배 통치하는 정복자 국가로 역사를 재창조하게 됩니다.

국민 여러분! 태건당은 기존 정당들처럼 그 나물에 그 밥의 식상한 정당이 아닌 국가 만년대계 운명을 송두리째로 바꿀 수 있는 위대한 정당입니다.

옛날부터 천손민족이란 말이 전해 내려오듯 마지막 때에 천손민족을 크게 쓰시기 위해 태건당을 창당하시고, 세계 정복자 국가로 선포하시었으니, 국민들의 삶을 송두리째로 바꾸어줄 태건당으로 결집해야 합니다.

조선이 무너지고 일제 36년의 식민시대를 거쳐 1945년 해방 이후 80년의 정치 역사가 지속되고 있으나, 정치인들의 언행은 예전이나 지금이나 변함이 없고, 정당 간의 대립은 80년 전이나 지금이나 똑같습니다. 정파간의 당리당략에만 혈안이 되어 있어, 정작 민생경제와 국가경제는 뒷전으로 밀려났습니다.

여야 정당들을 비롯하여 제 3지대 정당과 군소정당들이 난립하여 2024년 7월 22일 현재 선관위에 등록된 정당들이 무려 49개이고, 창당준비위원회가 결성된 곳이

8개로 총 57개 정당인데, 이름조차 모르는 정당들이 많습니다.

　어느 당이 집권하든 항상 찬반은 있기 마련인데, 정치계가 온통 욕망들로 넘쳐나는 욕심덩어리 정치인들 일색입니다. 진심으로 국가와 국민들을 위해서 일하기보다는 정치가 자신의 권력과 재물, 명예를 얻기 위한 수단이 되었습니다.

　어느 정당이든 선거철이 되면 공천 받아 선거에 출마해서 당선되는 것이 정치인들 모두의 꿈입니다. 대한민국 80년 헌정 역사상 처음으로 모든 국민들이 오매불망 원하고 바라는 나라의 정치를 통 크게 바로잡을 이상향의 새로운 정당인 태건당이 창당되었습니다.

　태초의 조물주 하늘이신 천황님이 태건당 방상용 총재 육신으로 강세하시어 함께 태건당을 창당하여 2024년 2월 20일 창당대회를 열었으니 모두의 기쁨입니다. 태건당의 창당 정책 이념은 기존 정당들이 생각조차 못하고, 아무도 흉내 낼 수 없는 전혀 다른 정책 목표를 갖고 있습니다.

창당 이념 자체가 조물주 하늘이신 천황님의 천지인 기운으로 전 세계를 정복하고, 지배 통치하여 다스리며 조공을 받아 내는 강대한 6대국을 이루어 낼 것입니다.

강대한 6대국이란 전 세계 최고의 경제대국, 수출대국, 관광대국, 인구대국, 영토대국, 군사대국을 이루어, 하늘이 예언한 대로 세계 각 나라로부터 조공을 거두어들일 야심찬 태건당을 말합니다.

민생경제, 기업경제, 국가경제를 살려내 현재 3만5천 달러에 머물고 있는 국민 1인당 총소득 GNI를 50만 달러로 국가경제를 발전시킬 수 있습니다. 무소불위한 하늘과 땅의 천변만화 조화를 부리며 불가능이 없을 정도의 신비로운 기운을 자유자재로 집행하는 난세의 영웅이 천황님으로 등극한 태건당 방상용 총재입니다.

기존의 인간 정치인들의 능력으로는 상상조차도 못하는 꿈만 같은 일이기에 정책 목표로 내놓지 못합니다. 천황님으로 등극한 태건당 방상용 총재는 조물주 하늘의 무소불위한 천지대능력을 일평생 체험하며 살아온 장본인이기에 99.99% 장담합니다.

온 세상이 기다리던 예언의 주인공이자 공포의 앙골모아 대왕은 태초의 조물주 하늘이 천황님으로 등극한 태건당 방상용 총재입니다.

태건당 방상용 총재를 통해서 분출되는 하늘과 땅의 천지인 기운은 천지를 뒤덮고도 남을 정도로 무소불위함 그 자체입니다. 앞으로 모든 공직 선거에서 여야를 비롯한 모든 정당의 출마 후보자들 당락은 태초의 조물주 하늘이신 태건당 방상용 총재 천황님의 기운에 따라 요동칠 것입니다.

왜냐하면 태초의 조물주 하늘 천황님이신 태건당 방상용 총재가 말하며 글을 쓰는 대로 하늘과 땅의 모든 천지신명들이 명을 받들어 공무 수행하기 때문입니다.

당선 유력 후보자들을 지지하는 유권자 마음을 실시간 다른 후보로 바꾸거나, 예상치 못한 돌발 악재를 발생시킵니다.

따라서 앞으로 모든 선거는 어느 후보가 태초의 조물주 하늘 천황님이신 태건당 방상용 총재의 마음을 얻느냐에 따라서, 당락이 좌우되는 진풍경 사태가 벌어집니다. 그러므로 총선에서 승리하려면, 다른 정당 소속으로 출마보다는 태초의 조물주 하늘 천황님이신 태건당 방상용 총재의 기운이 내리는 태건당 소속으로 선거에 출마하는 것이 훨씬 유리하고 좋을 것입니다.

기존 정당에서 공천에 탈락하여 다른 정당이나 무소속으로 출마하려는 후보자들은 이왕이면 천풍, 지풍, 인풍, 신풍, 청룡풍이 휘몰아치고, 태초의 조물주 하늘 천황님이신 태건당 방상용 총재 기운이 강력하게 내리는 태건당 소속으로 출마하십시오.

세상이 기다리던 위대한 혁명가이자 세계 정복자가 태초의 조물주 하늘 천황님이신 태건당 방상용 총재입니다. 세상을 정복하기 위하여 존재를 밝히는 것이기에 함께하는 후보자들에게는 상상을 초월하는 큰 기운을 받아 총선에서 승리하는 영광을 얻게 될 것입니다.

장차 기존의 여야 정당들은 물론 모든 군소 정당들도 차례대로 태건당에 흡수 통합되고, 단일정당 집권당이 되어 나라의 국정을 주도하게 됩니다. 앞으로 이 나라는 위대한 혁명가이자 대우주 정복자, 세계 정복자, 태초의 조물주 하늘 천황님이신 태건당 방상용 총재가 직접 다스리는 세계 초강대국 나라로 바뀝니다.

다른 정당 출마자들은 태초의 조물주 하늘 천황님이신 태건당 방상용 총재가 내리는 기운을 받을 수 없기 때문에 총선에서 당선되기가 매우 어렵습니다. 인류 모두가 기다려온 이상향의 정당인 태건당이 태초의 조물주 하늘 천황님이 방상용 총재와 함께 태건당을 공식 창당하였습니다.

국민들이 태건당의 위대한 진실을 알면, 핵심 당원들을 제외한 일반 당원들은 기존 정당에서 모두 탈당하여 태건당으로 당적을 옮길 것이기에 거대 태건당으로 바뀌게 되고, 기존 정당들은 존재 자체가 사라집니다.

태초의 조물주 하늘 천황님이신 태건당 방상용 총재가 선거 당락여탈권을 행사하며 선거의 모든 주도권을 쥐고 있는데, 어느 국민들이 실망한 기존 정당에 당원으로 가입하여 남아 있겠습니까?

태건당은 기존 정당들처럼 사사로운 권력과 재물, 명예를 탐하지 않으며, 오로지 세계를 정복하여 경제대국, 수출대국, 관광대국, 인구대국, 영토대국, 군사대국의 6

대국이란 강대한 꿈을 이루어내는 것이 태건당의 근본 정책 이념입니다.

태건당 방상용 총재는 기존 정당들처럼 밥그릇 싸움하는 추태를 더 이상 용납하지 않기에 국민들을 절대로 실망시키지 않습니다. 넓디넓은 세계 인류를 정복해야지 작은 땅덩어리 안에서 피터지게 싸움하는 정치인들의 모습은 자멸하는 지름길이고, 국민들을 한없이 실망시킬 뿐입니다.

그 나물에 그 밥만 매일 먹는 것도 국민들은 이제는 지쳤고 식상합니다. 국가와 국민을 이끌어갈 천변만화의 조화를 부리며, 이적과 기적을 자유자재로 집행하는 신 같은 강력한 능력 있는 국가 지도자가 나타나기를 기다려 왔을 겁니다.

기존 정치인들은 아무리 좋은 공약을 내놓아도, 찻잔 속에 공약일 뿐이기에 태초의 조물주 하늘 천황님이신 태건당 방상용 총재가 제시하는 공약의 만 분의 1도 따라가지 못합니다.

사람들은 하늘의 능력이 얼마나 대단하신지 아무도 모

르고 상상 속의 하늘로만 생각하며 살아가는데 살아 움직이시는 하늘이십니다. 인간들이 하는 일거수일투족의 말과 글, 마음과 생각, 행동까지 24시간 실시간 지켜보고 계시며 천상장부에 기록하시고 그에 따른 상과 벌을 주관하십니다.

온 인류가 기다려온 태초의 조물주 하늘 천황님이신 방상용 총재 기운을 받지 않으면, 선거 부정비리가 발각되어 의원 면직되는 불상사가 일어나서 졸지에 금배지가 날아갑니다.

이제 선거에 출마하려는 후보자들은 어느 정당 소속으로 출마하시겠습니까? 또한 국민 여러분은 어느 정당의 후보자를 적극 지지하고 투표하시겠습니까?

앞으로 모든 선거의 주사위는 이미 던져졌습니다. 국민들이 간절히 원하고 바랐던 올바른 정치는 태초의 조물주 하늘 천황님이신 태건당 방상용 총재가 창당한 태건당에서만 이루어집니다.

국민적 여론은 여당도 야당도 싫고, 찍을 정당도, 찍을 후보도 없어서 제3의 참신한 정당이 탄생하기를 기다렸으나 파행으로 끝났습니다. 국민 여러분에게 유일한 희망을 주는 정당은 태초의 조물주 하늘 천황님이신 방상용 총재가 창당한 태건당 한 곳뿐입니다.

총선 출마 후보자들과 국민 여러분은 태건당으로 함께 하여 6대국의 강대한 꿈을 현실로 실현시키는데 적극 동참하여야 여러분의 민생경제, 기업경제, 국가경제가 살아납니다.

태초의 조물주 하늘이신 천황님이 국가를 운영해야 하는데, 아직은 때가 안 되어 세상이 몰라보고 있는 듯합니다. 지금은 콩으로 메주를 쑨다고 하여도 믿을 사람들이 별로 없으니 민생경제가 고통스럽더라도 30년 정도의 세월을 기다리는 수밖에 없을 듯합니다.

이 나라를 강대국들 눈치 안 보게 세계를 정복해 초강대국으로 만들어 주겠다는데도 국민들이 말도 안 되는 황당한 일이라며 호응하지 않으면 달리 방법이 없습니다. 하늘의 대단한 천지대능력을 갖고 있어도 인정하고 알아주는 자가 없어 무소불위한 기운을 사용할 데가 없으니 애달픈 일입니다. 무조건 하늘을 인정해야 합니다.

태건당 정책 공약

 태건당에서 제시하는 정책 공약들은 국민들과 정치인들은 상상조차도 못하는 너무 파격적인 공약들이라 받아들이기가 쉽지 않을 것입니다.

 태초의 조물주 하늘 천황님이 펼치시는 공약들이기에 인간의 눈높이로는 이해하고 받아들이기가 어렵습니다. 태초의 조물주 하늘 천황님은 위대한 혁명가이자 대우주 정복자로 무소불위한 능력을 갖고 있습니다.

 대한민국 땅에서 인류 역사 이후 처음으로 태초의 조물주 하늘 천황님이 존재를 밝히는 것은 세계를 정복하여 지배 통치하기 위함입니다. 대한민국의 대통령이 되는 것은 물론 인류의 대통령, 인류의 대황제, 세계의 대통령이 되려는 것입니다.

 당연히 세계의 대통령, 인류 대황제가 되려면 세계를

정복해야만 가능한 일입니다. 태초의 조물주 하늘 천황님이신 태건당 방상용 총재는 현재도 대우주의 정복자요, 대우주를 다스리는 절대자 주인입니다.

기후, 날씨, 천재지변, 대우주 천체의 별들과 행성인들을 총괄지휘 통제하는 절대자의 위상을 갖고 있는 전지전능의 무한 능력자입니다. 지구와 인류를 창조한 원초적 주인이고, 인류의 삶을 이상향의 유토피아 무릉도원 세상에서 살아가게 할 천지대능력을 갖고 있습니다.

한국 전쟁 이후 나라 경제가 천황님의 기운으로 70년 동안 급속 발전하여 선진국이 되었습니다. 앞으로 대한민국의 더 나은 미래도 국민들의 결단 하나에 달려 있습니다. 태초의 조물주 하늘 천황님이신 태건당 방상용 총재를 인정하는 것입니다.

그래서 국민 여러분 대다수가 태건당으로 입당하여 결집하면, 하늘의 무소불위한 기운으로 경제대국, 수출대국, 관광대국, 인구대국, 영토대국, 군사대국이란 강대한 6대국을 이룰 수 있습니다.

태초의 조물주 하늘 천황님이신 태건당 방상용 총재를

이 나라의 천제군주로 추대하여 옹립하여 국정을 맡기는 것이 세계를 정복하는 가장 빠른 지름길입니다. 전 세계 인류가 가진 돈을 무한대로 끌어들일 수 있는 위대한 능력자가 태초의 조물주 하늘 천황님이신 태건당 방상용 총재입니다.

천제군주로 추대하여 국정을 맡긴다면 전 세계 최대 산유국이 되는 것보다 더 대단한 일이며, 빠른 시간 내에 전 세계를 정복하고 지배 통치하여 막대한 조공을 거두어들이게 됩니다.

세계 인류가 우러러보는 부모님의 나라 상국(上國)이 되어 조공과 하례를 받게 됩니다. 전 세계로부터 거두어들인 거대한 조공으로 복지천국을 만들 것이기에 이상향의 무릉도원 세상이 활짝 열리게 됩니다.

태초의 조물주 하늘 천황님이신 태건당 방상용 총재는 대통령이 되어 청와대 터에 들어가서 세계를 정복하기 위해서 태건당을 창당하였습니다.

이것은 푸른 청룡의 화신인 태건당 방상용 총재 하나의 능력이 아니라 태초의 조물주 하늘 천황님의 능력이 내리기에 가능한 일입니다. 지구와 인류, 대우주의 주인이 오시었기에 천제군주로 추대하고 옹립해서 나라의 국정을 맡겨야 나라의 민생경제, 기업경제, 국가경제가 급속하게 살아나게 됩니다.

태건당의 진실을 알게 되면 기존 정당에는 시시해서 입당하지 못할 것이고, 이미 정당에 입당한 당원들도 탈당하여 태건당으로 당적을 옮길 것입니다.

국민 여러분의 인생을 살려주는 정당은 천상 태상천에서 내려온 태초의 조물주 하늘 천황님이신 청룡의 화신 태건당 방상용 총재입니다.

우후죽순처럼 난립한 49개 정당들을 태건당 하나로 흡수 통합하는 천지대공사가 속전속결로 집행되면, 기존 정당 가입자들이 대거 탈당하여 태건당으로 입당할 것입니다.

국민 여러분~! 희망찬 밝은 미래가 열리는 태건당으로 결집하십시오. 여러분에게 찬란한 희망의 미래가 기다리고 있습니다. 80년 정치 역사를 송두리째로 통쾌하게 바꿀 것입니다.

여러분들이 좋아하는 불가능이 없을 정도의 무소불위한 모든 좋은 기운을 갖고 있기에 이제는 종교에 매달리지 않아도 됩니다.

세계를 정복할 태건당 정책 공약입니다.
01. 49개 기존 등록정당과 창당준비위원회가 결성된 8개 정당들의 당원들을 태건당 하나로 흡수 통합하는 강력한 태건당을 만들 것입니다.
02. 의료비, 수도료, 가스료, 전기료 전액 무료
03. 지하철, 시내버스 무료
04. 고속버스, 고속철 50% 할인
05. 양도세, 상속세, 소득세 폐지, 법인세 인하
06. 유치원생부터 전체 업종 전문가로 육성하고 교과목 3개로 대폭 축소. 대학까지 완전 무료, 유학비 국가 지급.
07. 영어교육 유치원부터 회화 위주 교육.
08. 유류가 현재 수준에서 90% 인하
09. 금융실명제 폐지. 돈의 출처 불문, 돈은 굴러다녀야 하듯 돈의 동맥경화 해소. 검은 고양이든 흰 고양이든 쥐만 잘 잡으면 됩니다.(흑묘백묘론, 黑猫白猫論)
10. 출처 불명 묻지마 비밀계좌 은행 설립으로 거액의 자금이 해외로 반출되는 것을 차단

11. 무주택자 10평에서 25평형까지 무상 임대
12. 1명의 실직자도 없는 국가 건설
13. 청소년들과 100세 노인까지 일자리 마련
14. 만 60세 이후부터 월 600만 원 지급
15. 기업 활동에 족쇄를 채우는 규제를 철폐
16. 여성이 출산하면 평생 월 300만 원 지급
17. 집 구매 때 50% 대출 연 1%
18. 결혼하면 5억 대출 연 1%
19. 차량 구매 시 50% 대출

이런 정책 공약들은 어떤 정치인도 내놓을 수 없는 꿈만 같은 공약입니다.

기존 정치인들이 상상조차도 할 수 없는 공약을 발표하는 것은 무소불위한 태초의 조물주 하늘 천황님이신 태건당 방상용 총재의 천지대능력으로 충분히 실현 가능하기 때문입니다.

국가를 운영하기 위하여 막대한 세금을 거두어들이는 것인데, 태초의 조물주 하늘 천황님이신 태건당 방상용 총재를 천제군주로 추대하여 옹립하면 전 세계를 정복하여 지배 통치하고, 엄청난 조공을 거두어들이기에 태건당에 입당한 당원 국민들에게만 세금을 걷지 않고, 복지

혜택을 무한대로 누리게 해줄 것입니다.

노후 걱정 없는 복지천국은 태건당 당원들만 누릴 수 있습니다. 불가능이 없는 무소불위한 상상 속에 태초의 조물주 하늘 천황님의 능력은 청룡의 화신인 태건당 방상용 총재를 통해서만 세상에 보여 주십니다.

태건당은 보수와 진보, 진보와 보수, 영남과 호남, 호남과 영남을 편 가르며 동서 갈등을 용납하지 않는 무색무취의 천상 정당으로, 대한민국을 위대한 세계 정복자 국가로 우뚝 세우고, 강대한 6대국의 꿈을 이루어 복지천국을 열어가는 것이 태건당의 정책 이념입니다.

인간들의 능력으로는 생각조차 못 해본 조물주 하늘 천황님이신 태건당 방상용 총재의 고유영역이자 고유권한입니다. 지금 당장은 꿈만 같은 정책 이념이지만 모든 꿈은 현실로 이루어져 왔음을 과학 문명 발달로 입증이 되었습니다.

국민 여러분! 그동안 어떤 정당이 창당되기를 기다려 왔습니까? 여러분 모두가 기다리던 참신한 능력 있는 정당이 되어 줄 것입니다.

말로만 떠들어대는 빈 공약이 아니라 실제 현실로 이루어내는 천상 공약들입니다. 국민 여러분의 민생 경제와 국가의 미래를 강대하고 부자 나라로 바꾸어낼 경천동지할 꿈의 희망 정당이 태건당입니다.

국민 여러분 모두가 이구동성으로 말하듯이 쓰러져 망해가는 나라를 다시 살려내서 세울 수 있는 무소불위한 천지대능력자는 태건당 방상용 총재 한 명뿐입니다.

나라의 흥망성쇠는 태건당 방상용 총재가 갖고 있기에 쓰러져 가는 국운을 바꾸려면, 전 국민들이 태건당으로 적극 입당하여 동참하면 위기를 기회로 만들어 줄 것입니다.

태건당 방상용 총재는 무한 천지대능력을 자유자재로 행사하며 불가능이 없는 무소불위한 신비 능력자이기에 국가자산 1호, 국가 보물 1호입니다.

태건당 방상용 총재는 세상이 오랜 세월 기다리던 난세의 영웅인 자미성인입니다. 인류의 역사를 바꿀 위대한 혁명가이자 세계를 정복하려고 천상의 태황별에서 내려온 청룡의 화신으로 자미성인이며 인류가 기다리던 구원의 영도자입니다.

 국민 여러분은 어떤 이념을 가진 정당과 어떤 능력을 가진 총재를 기다려왔습니까? 어떤 능력을 가진 국가 지도자가 나타나기를 기다려왔던 것입니까?

 머리 똑똑하고 인지도 높은 말 잘하는 잘난 일반 정치인 지도자를 기다려왔습니까? 아니면 하늘의 능력을 가진 신과 같이 능력 있고, 나라를 살려낼 카리스마 넘치며 박력 있는 신비스런 영적 지도자를 기다려왔습니까? 이 나라와 국민을 살려낼 수 있는 전무후무한 천지대능력자는 자미성인 태건당 방상용 총재 이외에는 하늘이 내린 인물이 없습니다.

 수백·수천 년부터 비기와 격암유록, 원효비결, 정감록 등 세기적인 동·서양 예언가들이 말했던 세계 인류의 역사를 재창조할 모든 예언의 주인공이 자미성인 태건당 방상용 총재입니다.

 난세가 영웅을 불러내는 법입니다. 국민 여러분~! 이제 그 날의 때가 왔습니다. 천상정치로 국민들의 모든 근심을 씻어주고 걱정을 천풍으로 날려 버릴 것입니다. 나라의 국운을 송두리째로 바꾸어줄 자미성인이 태건당 방상용 총재입니다.

국민 여러분~! 이 세상에 태어나서 가장 큰 복이 무엇인지 아십니까? 첫째는 축생이 아닌 사람으로 태어난 것이고, 둘째는 외국이 아닌 한국 땅에 태어난 것이며, 셋째는 태초의 조물주 하늘 천황님이신 태건당 방상용 총재를 알게 되었다는 것입니다.

방상용 총재가 국민 여러분의 현생과 내생의 운명에 대한 전권을 행사하고 있다는 사실을 알아야 합니다. 죽어서 천상으로 가게 될지 지옥으로 가게 될지 판결권을 갖고 있고, 공포의 앙골모아 대왕으로 지구와 인류의 종말에 대한 전권을 하늘로부터 위임받아서 갖고 있기 때문입니다.

앞으로 세상은 종교가 일절 필요 없는 무종교 세상이며, 오히려 종교를 다니면 하늘로 올라가는 문이 닫혀버립니다. 신과 영들이 천상으로 오르는 하늘의 문을 자유자재로 열고 닫을 수 있는 전결권자이고, 지구에서 천상으로 돌아가는 문은 하나뿐입니다.

우후죽순처럼 난립된 49개의 정당들도 당원들이 모두 떠나 태건당으로 입당하여 흡수 통합되기에 존재 자체가 무의미합니다. 쓰러져 망해가는 이 나라의 민생경제, 기업경제, 국가경제를 다시 살려낼 유일한 정당이 태건당이고, 방상용 총재입니다.

그래서 태건당 방상용 총재가 나라의 국운을 바꾸어 줄 국가 자산 1호, 국가 보물 1호인 아주 귀중한 자산인데, 사람들이 아직 잘 몰라보고 있습니다.

국민 여러분이 지금 육신 살아서는 마음대로 세상을 살아가지만 죽음 이후 사후세상은 모든 사람들이 싫든 좋든 태초의 조물주 하늘 천황님이신 태건당 방상용 총재의 지배 통치하에 살아가게 됩니다.

그러니 죽어서 땅을 치고 대성통곡하며 잘못했다고 빌면서 후회하지 말고 육신 살아있을 때 함께해야 합니다. 자신과 가정, 기업과 국가의 운명을 바꾸는 것은 국민 여러분 개개인의 선택에 달려 있습니다. 이제 태건당으로 모두 모여 다 함께 하시지요~!

후원계좌 : 우체국 100-0001-28895
태건당 중앙당 후원회

태건당이 세상을 다스리며 정복

　지난 총선 성적표는 집권 여당인 국민의힘(108석), 야당(192석) 중에 더불어민주당(171석), 조국혁신당(12석)을 탄생시켰고, 개혁신당(3석), 진보당(3석), 새로운미래(1석), 기본소득당(1석), 사회민주당(1석) 등이고 나머지 군소정당들은 모두 총선에서 전멸하였는데, 찍을만한 참신한 정당이 없다고 한다.

　참신함이 없는 정치계이고, 관습 정치가 끊이지 않는다. 어느 누가 대통령이 되어도 마찬가지이고, 여당, 야당 대표 누가 되더라도 태초의 조물주 하늘 만생천부 대우주 천황님이 태건당 방상용 총재와 함께 펼치는 천상 정치 세상이 열리지 않는 이상 정치판은 변하지 않는다. 그 나물에 그 밥이란 말을 많이 들어 보았을 것이다.

　정치판에 대한 새로운 물결 사상이 펼쳐지지 않는 이상 새로운 정치판은 기대할 수 없다. 국민 여러분~! 이제

이 나라의 정치판을 뒤흔드는 새로운 역사의 주역이 되어 주십시오. 모두가 정치판에 변화를 원한다면 태건당으로 입당해야 한다.

또한 기존의 국회의원들과 관직에 출사한 공무원들도 태건당 입당과는 상관없이 신인류 신인으로 재탄생해야 국가 운영에 혁명적 기여를 할 수 있다.

인간 홀로 정치하는 시대를 마감하고, 고지능 아이큐 두뇌를 가진 천상의 태상천 고급 신명들과 하나 되는 신 지배층 계급들인 신인류 신인(神人) 세상을 열어 세계를 정복하고 지배 통치하는 위대한 국가를 만들고자 태건당 이 인류 최초로 창당되었다.

현재는 까마득하고 황당한 이야기 같지만 불원간 반드시 미래의 현실로 다가오며 태건당 당기가 청와대 터에 꽂힌다. 청와대 터는 태건당의 세계 정복 프로젝트에 맞추어 미리 비워 놓은 것이다. 태건당 방상용 총재와 태초의 조물주 하늘이 천황님으로 등극하시어 천상지상 세계 정복 프로젝트 신명공사를 집행할 천황님의 터이기 때문이다.

왜냐하면 천상세계 황실신명 통합정부가 들어설 천황님의 터가 청와대인데, 지구 창조 때부터 점지되어 있었기 때문이다. 그래서 일반 인간 대통령들은 창조주 하늘 천황님의 강력한 기운을 감당할 수 없기에 8명의 일본 총독들부터 이 나라 역대 대통령들의 망명, 시해, 투옥, 자살, 탄핵되는 변고가 일제 강점기부터 120년 동안 끊이지 않고 일어났던 것이다.

하늘세계, 천상세계, 영혼세계, 사후세계, 조상세계, 천국세계, 지옥세계를 잘 모르는 사람들은 생소하겠지만 태건당에 들어와서 신인으로 재탄생되면 여러분에게 새로운 세상이 활짝 열린다.

현생과 내생을 보호받고 지옥세계로 떨어지지 않으며, 사건사고, 불확실한 미래를 천상의 태상천 고급신명들이 24시간 지켜주기에 강력한 수호령 역할도 해준다.

이 세상 최고의 귀한 무한대 값어치를 가진 존재가 태상천의 고급신명들과 하나 된 신인류 신인(神人)들이고, 이들이 천황님의 명을 받아 세상을 정복하고 다스리게 된다. 장차 인류 모두는 창조주이시자 태초의 조물주 하늘이신 천황님 앞에 감복하고 명령에 복종해야만 살아갈 수 있는 세상이 열린다. 인간들을 종 부리듯 다스리는 신인류 세상이 도래하였다.

신인이 되면 갑작스런 대재앙, 천재지변, 사건사고가 일어나도 재난의 중심에 서 있지 않게끔 고급 신명들이 미리 그곳에 있지 않도록 조화를 부린다. 자신들에게 제2의 생명줄이기에 신인합체를 하지 않는 사람들이 가장 큰 손해를 보게 된다. 금전으로는 환산이 안 되는 엄청난 값어치와 높은 고지능을 가진 존재들이 신인(神人)들이다.

인간들은 상상조차도 못하는 천변만화의 조화를 신들이 자유자재로 부린다. 천상의 고급신명과 하나 되는 일은 너무나 가슴 벅찬 일이다. 유치원부터 노인에 이르기까지 너도나도 앞다투어 신비능력자 신인류 신인으로 재탄생하여야 한다.

왜냐하면 천상의 신명들은 미래를 알 수 있기 때문이다. 예를 들면 수험생이 시험을 치르는데 기억이 안 나는 부분도 되살려 주고, 문제의 정답을 천상신명들은 다 알고 있기에 시험에서 떨어질 수가 없다.

기억력이 증강되고 천상의 공부신명과 신인합체가 되면 전교 1등도 할 수 있다. 사법고시, 행정고시에 응시하더라도 우수한 성적을 거둘 수 있다.

이미 성인이 되어 사회생활을 하고 있는 공무원, 직장인, 프로 선수, 자영업자, 기업인, 정치인들에게 가장 값진 보물이 되어 줄 하늘이 내려주는 최고의 선물이 신인합체 의식이다.

남들과의 경쟁에서 살아남는 아주 훌륭한 최고의 방법이다. 기업인들도 마찬가지이다. 기업총수가 신인이 되면 그룹의 이미지가 높아지고, 여러 관재구설이 막아지고, 사건사고가 예방되며, 오랜 불황에서 빨리 벗어나 승승장구하게 된다.

아마추어 및 프로 스포츠 선수 전체, 올림픽 출전 선수들도 신인이 되면 그 분야에서 단연 최고 능력자가 된다. 사람들은 눈에 보이는 것만 인정하다 보니까 눈에 보이지 않는 신비능력자 고급 신명들의 존재를 미신시하거나 무시하여서 도움을 받지 못하고 살아가는 불행을 자초하고 있다.

여러분이 새로운 지배계층인 신인류 신인(神人)으로 재창조되면 창조력, 창의성이 샘솟듯 솟아오르기에 새로운 발전과 희망을 갖게 된다. 인력으론 안 된다는 말을 많이 들어 왔을 것이다.

그것이 바로 인간의 능력은 한계가 있으니 태초의 조물주 하늘이신 천황님의 명을 받아 하강하는 천상의 태상천 고급신명들과 하나 되는 신인으로 재탄생하면 상상초월의 신비스런 능력자로 변신한다.

천상의 태상천 고급신명들을 인간 육신으로 하강시켜 주는 신인합체 의식 주관자가 태건당 총재 방상용이다. 서울 송파 지역을 중심으로 12방향마다 12,000명씩 총 144,000명의 신인들이 배출되어 신인세상이 열리면 세계를 정복하고 지배 통치하며 막대한 조공을 받아내는 것은 그리 어려운 일이 아니다.

이 나라에서 정신이 깨어난 고학력 지식인들부터 앞다투어 신비능력을 가진 신인으로 재탄생하면 꿈만 같은 일들이 일어난다. 경제대국, 수출대국, 관광대국, 영토대국, 인구대국, 군사대국의 6대국을 이루게 되어, 세상을 호령하며 지배 통치하게 된다.

인류 모두가 신지배계층 신인들 앞에 두려움으로 벌벌 떨면서 명령에 복종하게 되고 로봇처럼, 종처럼 부리게 되는 세상이 열린다.

위대한 신인세상을 열어가는 태건당이다. 여러분 자신의 미래와 세상을 바꾸는 유일한 지름길이다. 태건당에서 천상의 태상천에 있는 고지능 아이큐를 가진 고귀한 천상신명들과 신인합체가 가능한 것은 천상신명들에게 인간 육신으로 신인합체 하강의 명을 내릴 수 있으신 태초의 조물주 하늘이 천황님으로 등극하시어, 태건당 방상용 총재 육신으로 강세하여 계시기에 가능한 의식이다.

하늘이 내린 태건당 방상용 총재와 세상을 바꾸어 지배자 계급 신인류로 살아가고 싶은 사람들은 일단 예약한 후 태건당에서 1차 상담 절차를 가져야 한다. 로열 지배계층이 될 신인류 신인으로 재탄생되면 너무나 좋은 일들이 많고, 웬만한 질병들은 신비 기운으로 쉽게 고쳐지고, 죽음 이후 축생으로 환생(윤회)이 면제되고, 지옥도에 떨어지지 않게 보장한다.

국민 모두가 입당하여야 할 정당이 태건당이다. 기존 정당들은 144,000명의 신인류 신인세상이 열리면 환희와 두려움에 모두 태건당으로 흡수 통합된다. 노후 걱정이 없는 이상향의 유토피아 무릉도원 세상 정책을 펼치는 곳이 태건당이다.

인력으로는 안 되기에 무소불위한 천지대능력자이신 태초의 조물주 하늘 천황님과 함께하는 신나는 신인류 신인세상을 열어가는 곳이 태건당이다.

144,000명의 신인세상이 열리면 여러분의 노후를 보장해 주며, 죽어서는 천상의 태상천으로 오르게 보장한다. 신체의 노화를 중지시켜 주거나 수명을 연장시켜주는 이적과 기적도 일어난다. 신인이 되면 매년마다 나이를 거꾸로 먹어 젊어지는 신비한 기운을 체험할 것이다.

국민 여러분들이 이 글을 읽고 긍정적으로 생각하고, 인류 대황제 인존태황 태건당 방상용 총재 육신으로 강림 강세하신 창조주이시자 태초의 조물주 하늘이신 만생천부 대우주 천황님과 함께 한다면 세상 살아가는데 어려움이 없어진다. 막힌 일들이 뻥뻥 뚫어지는 통쾌함을 느낄 것이며, 태건당 방상용 총재가 황금복덩어리, 천복덩어리 자체이기에 좋은 기운으로 인생이 바뀌어 돌아간다.

인간 · 조상 · 영혼 · 신명들의 천상지상 벼슬 품계
[천상입천 · 천인합체 · 신인합체 · 수명 장생 · 영생]

일반 입천제
하급 입천제
중급 입천제
상급 입천제
특급 입천제

〈1~5품계 입천제〉
1품계 일단 입천제
2품계 하단 입천제
3품계 중단 입천제
4품계 상단 입천제
5품계 특단 입천제

〈6~9품계 벼슬입천제〉
6품계 하단 벼슬입천제
7품계 중단 벼슬입천제
8품계 상단 벼슬입천제
9품계 특단 벼슬입천제
특별입천제-VIP 스페셜/ VVIP 로얄

| 책을 맺으면서 |

    불로불사 영생의 꿈을 인류 최초로 시도한다. 지구에 인류가 탄생한 이후 처음으로 시도하는 수명 장생 및 영생 프로젝트인데 임상실험 기간을 1차 30년 안에 수많은 사람들이 불로불사가 현실로 이루어져야 한다.

    저자와 태건당 당원들이 임상실험 대상들이다. 젊어지는 어떤 영약을 먹는 것도 아니고, 복식호흡이나 기체조를 하는 것도 아닌 순수한 창조의 신이시고 태초의 조물주 하늘이신 천황님의 대우주 기운과 천지인 기운에 의해서만 수명 장생과 영생을 시도하는 것이다.

    수명 장생과 영생은 수많은 생명공학자들과 첨단의학자들이 도전하고 있으나 세계적으로 아무도 성공한 사례가 없기에 이제는 아예 포기하고 살아가면서 죽음을 당연하게 받아들이게 되었다. 하지만 포기할 줄 모르고 끝까지 영생을 여기저기서 외치고 있지만 아직까지 성공한 사례가 발표되지 않고 있다.

천상 태상천에서 천황님을 배신하고 역모 반란에 가담했다가 지구 행성으로 도망치고, 재판받아 쫓겨난 역천자 대역죄인 주제에 무슨 수명 장생과 영생을 바라느냐고 일갈대성으로 호통을 치신다.

그래서 수명 장생과 영생을 원하는 사람들은 첫 번째로 천상에서 어떤 삶을 살았고, 어떤 죄를 지었는지 천생록을 상세히 뽑아 죄목을 알고 난 뒤 진심 어린 마음으로 충분한 사죄식을 올려야 한다.

둘째로 수명 장생인지 영생인지 결정해야 하고, 수명 장생이면 몇 살까지 살기를 원하고 바라는지 결정해야 한다. 30년 기간 안에 참가자 60세 평균 기준으로 80~90% 이상이 외모나 정력이 나날이 젊어져 20~30세의 청춘 모습과 건강한 체력으로 돌아가야 성공한 것이다.

임상 실험기간 동안 많은 사람들이 최소한의 비용으로 참여할 수 있게 한다. 수명 장생과 영생이 임상실험 참가자들 모두 20~30세 동안의 모습으로 젊어진다면 이건 인류의 역사를 새로 써야 한다.

이때부터 대한민국의 국격과 품격의 위상은 천정부지로 올라가고 전 세계인들이 구름처럼 몰려오기에 공항에 비행기 내릴 곳이 없고, 항구에 배를 댈 곳이 없을 정도로 외국인들이 넘쳐나서 경제 활황 촉매제가 된다.

수명 장생과 영생을 시도하는 것은 창조의 신이시자 태초의 조물주 하늘이신 천황님이시다. 인체 120조 세포의 수명 DNA를 새로 입력해야 하는 고난이도이다. 이것은 창조의 신이신 천황님의 고유영역이자 고유권한이다.

수명 장생과 영생에 대한 메시지는 25년 전인 1999년 7월부터 받았지만 엄두가 나지 않아 시도하지 않았다. 1999년 7월 폭우 멈춤 풍운조화 천지신명공사, 그 이후 2000년 6월의 가뭄 해갈 강우 풍운조화 신명공사, 2004년 6월의 한반도 태풍 상륙 저지 풍운조화 천지신명공사, 2004년의 12월 21일 겨울답지 않은 봄 날씨를 다시 겨울 날씨로 되돌리는 동지 신명공사를 집행하여 모두 현실로 이루어지는 것을 보고 불가능이 없겠구나 싶었다.

이 당시에는 하늘과 저자의 존재가 밝혀지기 전이라 마냥 신기하기만 하였다. 이렇게 풍운조화도 부리는데 인간 육신의 수명 장생과 영생도 충분히 가능하다고 판단

되어 임상실험을 8월부터 본격적으로 시작하게 되었다.

수명 장생과 영생 프로젝트를 통해서 인류의 역사를 재창조하려는 것이다. 현재의 종교가 악신과 악령들이 세운 것이라고 말해주어도 믿지 않으니 수명 장생과 영생을 현실로 이루어지면 종교는 자동 소멸되고, 세계를 정복하여 지배 통치하는 천상지상 프로젝트가 완성된다.

수명 장생과 영생 임상실험에 참가할 사람들은 1차 방문 상담하여 태초의 조물주 하늘이신 천황님의 불로불사 천지인 기운을 느껴보기 바란다. 이제까지 저자가 말하고 글을 쓰는 대로 반드시 현실로 이루어져 왔다.

2024년 9월 9일 구구절
창조주 태초의 조물주 하늘 만생천부 대우주 천황님과
하늘이 내린 인류의 영도자 자미성인(紫微聖人) 지음

문의 및 예약 : 천황님의 나라 02)3401-7400

ⓒ 저작권 천황님의 나라. 무단 전재 및 재배포 금지